서양이 바라본 동양 여자

# 노란 꽃

서양이 바라본 동양 여자

# 노란 꽃

2014년 8월 18일 초판 1쇄 발행
지은이 · 우미성

펴낸이 · 박시형
책임편집 · 김형필 | 디자인 · 이주연

마케팅 · 권금숙, 김석원, 김명래, 최민화, 정영훈
경영지원 · 김상현, 이연정, 이윤하, 김현우
펴낸곳 · (주)쌤앤파커스 | 출판신고 · 2006년 9월 25일 제406-2012-000063호
주소 · 경기도 파주시 회동길 174 파주출판도시
전화 · 031-960-4800 | 팩스 · 031-960-4805 | 이메일 · info@smpk.kr

ⓒ 우미성 (저작권자와 맺은 특약에 따라 검인을 생략합니다)
ISBN 978-89-6570-224-5(03900)

쌤앤파커스(Sam&Parkers)는 독자 여러분의 책에 관한 아이디어와 원고 투고를 설레는 마음으로 기다리고
있습니다. 책으로 엮기를 원하는 아이디어가 있으신 분은 이메일 book@smpk.kr로 간단한 개요와 취지,
연락처 등을 보내주세요. 머뭇거리지 말고 문을 두드리세요. 길이 열립니다.

# 노란 꽃

## 서양이 바라본 동양 여자

· 우미성 ·

 쌤앤파커스

# 차례

# '옐로우 피버',
# 서양을 매혹한 그녀들

옐로우 피버는 황열병이다. 아프리카, 남아메리카 지역의 모기에 물려 걸리는 바이러스성 출혈열의 일종이다. 외국인과 아프리카 여행 이야길 하는 것도 아닌데 '옐로우 피버Yellow Fever'라는 말이 나오면 그건 십중팔구 다른 의미로 쓰인 것이다. 서구인들 사이에 옐로우 피버란 유독 동양 여성을 좋아하는 성향을 뜻한다. 비슷한 단어로 '정글 피버Jungle Fever'가 있다. 원래는 정글에서 걸릴 수 있는 말라리아 같은 병을 통칭하는 말이었지만 서양에선 흑인 남성이나 흑인 여성에게 성적으로 끌리는 성향을 뜻하는 말로 더 자주 쓰인다. 1991년 스파이크 리Spike Lee 감독이 영화 제목으로 이 말을 사용하면서 널리 알려졌다.

사실 정글 피버라는 말은 흑인들을 정글에나 살 법한 원시인이라 가정한 표현이므로 명백한 인종차별적 용어다. 마찬가지로 옐로우 피버 역시

아시아인을 '황인'으로 표현한 말이므로 엄밀한 의미에서는 인종차별적이다. 그런데 '정글 피버'라는 말을 터부시하는 백인들도 옐로우 피버란 표현에 대해서는 덜 거부감을 느낀다. 가까운 친구들끼리 격식을 갖추지 않아도 되는 편한 자리에서는 여전히 이런 말들을 사용한다. 백인 남성이 아시아 여성을 좋아하는 건 아시아 여성에게 매력을 느끼는 것이니 옐로우 피버라는 말 자체가 인종차별적 표현이 아니라고 생각하는 것 같다. 서구 남성들이 아시아 여성을 매력적인 존재로 인식하는 것을 기분 좋게, 혹은 나쁘게 받아들일 필요는 없다. 다만 아시아 여성들의 이미지가 서구 사회에서 어떤 방식으로 이해되는지 문화사적 맥락에서 이해해둘 필요가 있다.

나는 1990년부터 줄곧 영미문화권의 공연예술을 주로 분석하며 자연스레 아시아인이 등장하거나 아시아가 배경인 작품들에 관심을 갖게 되었다. 20세기 이후 할리우드 영화 백년사를 보면서 영화 속 아시아 여성의 이미지는 몇 가지로 고정되어 있음을 깨달았는데, 희생적인 '나비부인'과 유혹적인 '드래건 레이디'라는 스테레오타입stereotype이었다. 도대체 누가, 언제, 어떤 연유로 그런 이미지와 이야기들을 만들었으며, 어떤 경로로 그 이미지들이 반복되었는지 매우 궁금했다.

한 인종, 성별에 대한 지배적인 이미지가 형성되기까지는 오랜 역사가 필요하다. 문화적 이미지는 정치, 사회, 경제 상황들이 얽혀 복합적으로 만들어낸 것이기 때문이다. 정형화된 이미지는 일단 한 번 형성되면 수많은 변형과 반복을 통해 문화적 표상으로 각인된다. 그러니 특정 이미지가 어떤 기원을 거쳐 어떻게 변형, 반복되는지 그 역사를 추적해볼 필요가 있다. 이미지가 형성되는 역사적·문화적 과정 자체를 알게 된다는 것은 이미지가 작동하는 메커니즘을 알게 된다는 것이고, 그 메커니즘을 이해하는 과정을 나는 문화의 '해부학autopsy theory'이라고 부른다. 섹시하고 고혹적인 미인의 몸이라도 수술대에 올려 여기저기 해부하다 보면 대상에 대한 성적인 환상은 사라지고 대신 명징한 이성으로 그 인체의 내부구조를 보게 되는 원리와 유사하다. 접시 위에 놓인 생선살에서 뼈를 발라내듯 이미지의 허상 속을 파헤쳐 그 내부를 들여다보는 일이다. 문화에 관한 한 "아는 만큼 보인다."는 말을 자주 쓰는데 안다는 것은 바로 그 문화의 역사적 배경을 안다는 것이다. 인터넷을 뒤져 금방 알아낼 수 있는 정보가 아니라 어느 정도 시간을 들여 내공으로 쌓인 지식이 있다는 의미다. 요즘처럼 정보가 넘쳐나는 시대를 살다 보면 정보와 지식을 혼동하는 경우가 많다. 과잉 정보에 지친 두뇌는 더 이상의 깊이 있는 지식은 부담스러워한다. 이 정보와 지식 사이에 다리를 놓는 작업이 바로 인문학이다.

이 책은 서구사회의 오리엔탈리즘과 서구인들에게 비친 아시아 여성의 이미지를 훑는 한 권의 문화사다. 15세기부터 출발해 21세기 현재까지, 기행문, 소설, 전시, 오페라, 뮤지컬, 영화, 광고에서 최초였거나 전환점을 만든 대표적 이미지를 중심으로 소개한다. 역사마저도 대중문화에서는 유희와 패러디의 대상으로 여겨지기도 하지만, 자못 진지하게 인문학적 관점에서 서구사회를 들여다보려 했고, 우리 자신의 모습도 객관적으로 보고자 노력했다. 오늘날 문화콘텐츠가 리메이크, 재탕, 변형을 통해 하늘 아래 새로울 것이 없다는 듯 과거, 현재, 미래가 뒤엉켜 있지만, 한번 그 역사와 작동원리를 이해하게 되면 난무하는 문화를 꿰뚫어보는 통찰력이 생길 수 있다.

  한국은 더 이상 수동적인 문화 소비국이 아니라 빠르게 콘텐츠 생산국으로 부상하고 있다. 할리우드 영화가 미국과 동시에 한국에서 개봉하기 시작한 지 오래되었고 한국의 대중가수들이 파리와 런던의 많은 관중 앞에서 공연을 펼친다. 한국 가수의 뮤직비디오를 전 세계 팬들이 유튜브에서 확인하고 한국의 영화감독이 외국 배우들과 해외에서 영화를 만드는 시대다. 21세기 이 시점, 적어도 아시아인들이 서양문화 속에서 어떻게 재현되어왔는지를 아는 것은 기본적인 식탁 매너를 갖추는 것 이상으로 글로벌 감각의 필수조건이다. 서양문화에 재현된 우리 이미지를 안다는 것은 새롭게 마주할 미래를 위해 우리 자신을 제대로 비춰줄 거울부터 닦는 일이 될 것이기 때문이다.

신촌에서 우미성

# 유교적 가부장제의 희생양, 아시아 여성

마르코 폴로부터 드라마 〈로스트〉까지

1

인종적 정체성에 젠더와 같은 성적 정체성이 결부될 경우 서양의 지배적인 이데올로기는 늘 자신들과 '다른' 인종의 이국성을 강조하기 위해 과도한 남성성이나 과도한 여성성에 대한 신화를 차용하는 경향이 있다. 폴로가 정립한 이분법—무술을 앞세운 위협적인 존재인 동양 남성, 지극히 순종적이고 성적인 즐거움을 제공하는 동양 여성—의 신화는 이후 서양세계가 동양을 이해하는 데 있어 가장 즐겨 차용하는 이미지가 된다. 지금도 할리우드 영화에서 이런 특징을 찾는 건 어렵지 않다.

# 아시아 여성, 서양을 유혹하다

## 미국 TV 시리즈 〈로스트〉

"서양의 미디어는 여전히 백인 중심적 인종주의와 문화적 우월성을 강화하기 위해
아시아 남자들의 성적 특징은 거세하고 아시아 여자들은 지나치게 성적으로 묘사함으로써
쉽게 지배하려 한다." – 일레인 김Elaine Kim, 버클리대 교수

서양인들의 눈에 비친 유교적 가치관은 동아시아를 특징짓는 가장 독특한 전통이다. 실제로 유교적 가치관이 동아시아 사회에 깊게 영향을 끼쳤던 것이 사실이고, 그 전통이 오늘날에도 많이 남아 있긴 하다. 그러나 서양에서 인식하는 유교적 가치는 극히 부정적으로 재현되는 경우가 많다. 그간 수많은 문학과 영화, 미디어를 통해 서양인들은 실제 아시아의 모습이 아닌 자신들 편의에 의해 만들어낸 '아시아적'이라고 믿는 허상을 반복 유통시켜왔다. 그런데 오히려 아시아 여성들이 결혼 이후에도 서양과 달리 자신의 성姓을 간직하고, 훨씬 넓은 안채를 차지하고, 좁은 사랑방에 기거했던 남편들과 동등하게 집안의 대소사에 결정권을 가졌다는 사실은 전혀 알지 못한다. 심지어 동양의 역사에도 여왕들이 있었고 덕치에 입각한 그녀들의 통치가 태평성대를 가져온 시절이 있었다는 사실도

서양에는 거의 알려지지 않았다. 서양인들은 '하늘같이 군림하는 남편, 순종적인 여성'의 모습이 원래 아시아의 모습이라고 여긴다. 초창기 아시아의 문화를 서양에 알린 사람들이 아시아의 전통을 과장, 왜곡되게 소개했던 역사가 있기 때문이다.

## 가부장적인 남성 vs. 순종적인 여성

몇 해 전 미국 ABC 텔레비전 드라마 〈로스트〉에 한국 여배우 김윤진이 캐스팅되어 화제가 된 적이 있다. 드라마에서 그녀는 가부장적이고 소통이 잘 안 되는 남편이 두려워 언젠가는 남편을 떠날 준비를 해온 아내 선화 역을 맡았다. 선화와 그녀의 남편 진수(대니얼 대 킴)는 사고로 외딴 섬에 불시착한 비행기의 몇 안 되는 생존자들 중 유일한 아시아계 커플이다. 남편 몰래 영어까지 배워둔 선화는 처음에는 애정 없는 결혼생활을 유지하는 순종적인 아내지만 시간이 지나면서 점차 자신의 삶을 주체적으로 사는 여성으로 변모한다. 그녀는 각종 풀과 약초에 대해서도 잘 알고 있어, 섬의 여러 생존자들의 생명을 구하고 자신이 여러 사람을 도울 수 있다는 데 보람을 느끼면서 조금씩 독립적이고 주체적인 여성으로 거듭난다.

〈로스트〉는 우리에게 기대와 불편함을 동시에 안겨준 드라마였다. 우선 미국 안방극장에 아시아계 미국 배우가 아닌 한국인 여배우가 캐스팅된 것 자체가 파격이었다. 게다가 김윤진과 남편 역의 대니얼 대 킴이 한국말 대사를 하는 장면들이 꽤 자주 등장하면서 한국인 시청자들은 미국 TV를 통해 한국어를 듣는 색다른 경험을 할 수 있었다. 그러나 지나치게

미국 ABC 인기드라마 〈로스트〉의 한 장면.

가부장적이고 억압적인 한국인 남편은 아내가 다른 사람과 대화하는 것
조차 금지하고 감시한다. 아내가 웃옷 단추 하나만 풀어도 잠그라고 명령
하고, 수영복 입는 것조차 용납하지 못하는 남편이다. 요즘 저런 한국 남
자가 있나 싶을 만큼 비현실적으로 그려진 가부장적인 남편의 모습은 보
는 우리의 입맛을 씁쓸하게 했다.

　아내 선화는 이 드라마의 대부분 장면에서 진정한 자신의 모습을 숨기
고 과도하리만큼 순종적이어서 이 섬의 다른 생존자들에게 이 부부는 이
해하기 어려운 별종 커플이다. 후반부 에피소드에서 진수는 구조 요청을

위해 선발대에 합류해 섬을 떠나고 부부는 캘리포니아에서 다시 만나 사랑을 확인하는 것으로 끝을 맺는다. 하지만 미드의 열혈 시청자라면 왜 그렇게 수많은 미국 드라마나 영화에 등장하는 동양인 커플들이 예외 없이 억압적인 남편, 순종적인 아내의 모습으로 등장하는지 의문을 가질 법하다. 유교적 이데올로기로부터 자유로운 진보적인 사고방식의 아시아 남성, 주관적이고 독립적이어서 자신의 호불호를 분명하게 표현하는 현대적인 아시아 여성은 보기 드물다. 그래서 아마도 아시아계 여성 시청자들이 자립적이며 당돌한 동양 여성의 이미지를 보였던 〈그레이 아나토미〉의 산드라 오Sandra Oh와 〈앨리 맥빌〉의 루시 리우Lucy Liu에 더 많은 애착과 열광을 보내지 않았을까 싶다.

서양 매체에 자주 등장하는 동양인 커플의 공식은 '보수적이고 억압적인 남편'과 '순종적이고 희생적인 아내'다. 아내는 거의 초월적인 인내로 견뎌내는 미덕을 보임으로써 구제받아야 할 가치가 있는 여성으로 등장한다. 그러다 보니 늘 가까이에서 그녀의 고통을 안타깝게 지켜보고 도우려는 구원자가 등장하게 마련이다. 그런데 흥미로운 건 그 구원자의 역할이 동양 남성이 아닌 백인인 경우가 많다는 것이다. 할리우드 고전영화에서 아시아 여성을 사이에 두고 보수적인 동양 남자와 서양 남자 사이에 삼각구도가 형성되면, 어김없이 동양인 주인공 여자를 보호하려는 여주인공의 오빠나 정혼자들은 늘 악한 인물로 묘사된다. 아시아 여성과 서양 남성의 로맨스에 아시아 남성은 훼방꾼으로 등장하고 그 세 인물 사이에 삼각구도가 형성된다. 이 삼각관계를 지켜보는 아시아 관객들조차 밴댕이속인 남편보다 훨씬 멋져 보이는 서양 남성과 아시아 여성 커플이 이루어지길 기대하게 되는 것은 당연지사 아닐까. (1960년 할리우드 영화 〈용처럼 걸어라Walk Like a Dragon〉가 아시아 여성을 사이에 두고 백인 남성과 동양 남성이 대결하는 삼각구도의 효시다.)

〈로스트〉에서도 선화에게 호감을 가지고 가까워진 마이클과 선화 사이를 의심하는 남편 때문에 이 아시아인 부부는 더 극심한 갈등을 겪게 되고, 결국 진수는 마이클에게 덤벼들다 수갑까지 채워지는 신세가 된다. 영어도 못하는 남편은 자신의 억울한 심정을 설명하지 못하고, 결국 숨겼던 영어 실력을 발휘한 아내 선화가 모든 상황을 설명함으로써 남편은 위기에서 빠져나온다. 그녀가 영어를 한 마디도 못하는 줄 알았던 섬의 모든 사람들은 선화의 유창한 설명에 어안이 벙벙해진다. 이 극적인 순간에조차 한국인 남편 진수는 자신에게 영어 실력을 숨긴 아내에게 배신감을 느끼고 마음의 문을 닫는다. 결말에서 진수와 선화가 서로에 대한 연민과 사랑을 되찾는 것으로 끝을 맺지만 〈로스트〉의 아시아 커플 재현은 지금껏 반복되어온 서양 대중문화 속 아시아인들의 정형화된 이미지를 벗어나지 않는다.

서양문화에 재현된 아시아 여성 이미지 가운데 첫 번째로 눈에 띄는 특징이 바로 지나친 가부장제, 유교문화전통의 억압을 받는 '희생양'의 이미지다. 동양의 기이하고 억압적인 전통 속에서 서양의 남성들이 구제해 줘야 할 것만 같은 가여운 아시아 여성들. 그렇다면 서양문화에서 아시아는 왜 항상 가부장적인 문화권으로 조명되는가. 아시아의 모든 여성은 진정 유교적 관념의 희생자였는가. 언제부터 아시아를 대표하는 남녀관계 이데올로기로 유교적 전통이 부상하게 되었는가.

## 유럽의 관음증과 호기심

그 사실을 밝히려면 가장 먼저 짚고 넘어가야 할 텍스트가 바로 마르코 폴로의 《동방견문록》이다. 서양 역사에서 중세의 끝과 르네상스의 시작을 알리는, 서양 최초의 동방 기행문이다. 폴로 일행의 실크로드 여정은 13세기 유럽인으로서는 파격적일 만큼 아시아 대륙 깊숙이 다녀온 것이었다. 그들은 무려 20년 이상을 아시아에 머물며 중국, 몽골, 인도의 풍습과 전통을 관찰했다. 오랜 중세시대를 거쳐 유럽을 잠에서 깨워 르네상스로 진입하게 만든 이 최초의 아시아 기행문이 유럽문화사에서 가지는 영향력은 절대적이었다.

이 책은 1300년경 완성되고 1477년 처음 인쇄된 것으로 알려져 있다. 1300년경 중세유럽 사람들은 지극히 이분법적인 세계관을 갖고 있었다. 유럽의 모든 것이 기준이자 정상이고 다른 세상은 기이하고 이단이며 비정상적이라 믿던 시절이었다. 문제는 점차 자신들의 불안해진 안위를 걱정한 로마 가톨릭이 자신들의 정치적 지배권 밖인 세상에 대해 사악하고 이교도적인 이미지를 강조하면서 이 시기에 쓰인 폴로의 책 역시 그러한 관점에서 아시아를 보게 된다. 상대적으로 우월감을 느끼려는 서양인의 심리가 책 바탕에 깔려 있다. 자신들의 세상과는 다른 낯선 세계를 관음증적으로 훔쳐보며 이국적인 것에 대한 호기심을 채우려는 욕구도 숨어 있다. 이국적인 공간에서 색다른 경험을 한 폴로가 동시대 서양인들에게 자신의 경험에 대해 자랑하고픈 의도에서 쓰인 책이다 보니 아시아 여성에 관한 성적 환상과 관련된 대목에서 과장과 왜곡이 특히 많다.

# 중세 유럽의 관음,
# 그들이 본 동양 여성

## 마르코 폴로의 《동방견문록》

"이곳에서는 이방인이 한 남자의 아내나, 딸, 자매 등
그 집안의 어떤 여자와 내키는 대로 해도 분개할 일이라고 여기지 않는다.
오히려 이방인이 자기 집안의 여자와
잠자리를 같이하는 것을 호의라고 생각한다." – 마르코 폴로

이탈리아 베네치아 출신인 폴로는 17세 되던 해, 상인이었던 자신의 아버지 니콜로 폴로, 숙부 마페오 폴로를 따라 동방으로 떠난다. 1271년부터 1295년에 걸친 기간이었다. 처음부터 동방탐험이 목적은 아니었다. 중세의 끝 무렵 상권이 점점 경쟁적으로 커지는 유럽을 떠나 새로운 상권을 개척할 목적으로 떠난 여행이었던 만큼 마르코 폴로나 이후 그의 책을 읽고 영향을 받은 크리스토퍼 콜럼버스 둘 다 서양사 최초이자 최고의 벤처 사업가들이라 해도 과언이 아니다.

폴로의 경험이 담긴 책의 원 제목은 'Pivisament dou monde(Description of the world)' 즉 '세상에 대한 서술'이었다. 이 책은 이후 '마르코 폴로의 기행The Travels of Marco Polo, The Marvels of the East, The Wonders of the East' 같은 다양한 제목으로 번역되었다. 《동방견문록》은 일본인들이 한자식 표현으로 번역

마르코 폴로(Marco Polo, 1254~1324)와 마르코 폴로를 접견하는 쿠빌라이 상상도.

한 제목을 우리나라에서 그대로 차용해 썼던 것이지 사실 폴로가 붙인 것과는 상관없는 제목이다.

출판사에 따라 다르겠지만 이 책의 두께는 대략 300~350여 페이지에 이른다. 그런데 의외로 아시아 여성에 대해 언급하는 대목은 많지 않다. 하지만 폴로의 아시아 여성 묘사는 매우 눈에 띈다. 우선 아시아 여성의 외모에 대해 언급하는 대목을 보자. 오늘날의 인도 캐시미어 지방의 여성들에 대해 언급하며 그녀들은 갈색 피부임에도 대단히 아름답다고 적고 있다. 그녀들이 입는 바지는 엉덩이 부분이 커 보이도록 주름 잡힌 천을 덧댄 모양으로 되어 있는데 이 지방 남성들은 풍성한 엉덩이의 여성을 좋아한다고 썼다. 인도 지방에서는 잠깐 머물렀기에 그는 곧바로 중앙아시아와 동아시아 여성들에 대해 좀 더 자세히 쓰고 있다.

오늘날 중국 항주에 해당하는 킨사이Kinsai의 여성들은 피부가 하얗고 머리칼 이외에는 체모가 별로 없으며 화려한 복색에 진한 향수를 뿌리고 다닌다. 하녀들을 거느린 채 화려한 장식으로 꾸며진 건물에 거주하며 마을을 자유롭게 걸어 다닌다. 이 여성들은 누구에게나 적절한 대화로 친근함을 표현하거나 부드러운 접촉에 능해서 이들과 한 번 즐긴 경험이 있는 외국인들은 그들의 달콤한 매력에 반해 곁을 떠나지 못하고 쉽게 잊지를 못한다.

폴로의 기행문을 번역하는 과정에서 몇몇 번역자들은 고증에 의해 이 여성들을 '창녀들prostitutes'이라고 번역하기도 했다. 하지만 대다수의 번역자들은 원저의 표현 그대로 '아시아의 여성들'이라고 옮김으로써 마치 폴로의 묘사가 모든 아시아 여성들의 일반적인 특징인 양 받아들이게 되었다. 폴로 자신도 이 여성들이 직업적인 여성들이었음을 알았던 것으로 보이지만 굳이 더 자세히 설명하려 하지 않았다. 그의 책에 지배적인 특징인 '의도된 일반화'는 자신의 경험을 더 특별한 것으로 미화하고 싶었던 마음에서 연유한 것으로 보인다. 13세기라는 시대적 배경이나 중국의 전통을 고려할 때 일반인 여성들이 외국인 남성들을 직접 대면할 기회는 거의 없었다. 다만 소수의 외국인을 상대하는 접대부들만이 집단적으로 거주하며 손님들을 끌어 모았을 것이라는 추측이 가능하다. 그럼에도 폴로는 특정 여성 집단의 의도된 상업행위와 외양을 아시아 여성 전체의 특징으로 확대하는 오류를 범하고 있다. 마치 아시아 여성 대부분이 성적인 서비스에 능한 듯한 인상을 주는 것이다.

폴로의 책을 읽다 보면 마치 어떤 남성이라도 아시아에 가면 유럽에서 맛보지 못한 신천지를 경험하게 될 것 같은 착각을 불러일으키는 대목이 적지 않다. 이는 훗날 20세기 할리우드 영화에 등장하는 아시아 여성들이 주로 전쟁영화 속의 나이트클럽 접대부이거나 일본영화의 게이샤처럼 성적 서비스를 제공하는 직업인 것과 무관하지 않다.

아시아 여성과 관련해 폴로의 책에서 주목할 점은 또 있다. 외모에 관한 언급 이외에 아시아 여성 관련 묘사는 모두 일부다처제 또는 일처다부제처럼 기이한 결혼제도에 관한 것이다. 우선, 한 남성이 여러 여성을 아내로 취하는 일부다처제에 관한 대목들이다. 몽골제국을 통치하던 황제 쿠빌라이 칸의 수많은 첩에 관한 묘사다.

황제는 2년에 한 번씩 사신을 보내 자신의 기준에 맞는 예쁜 처녀들을 사오백 명씩 고른다. 그 절차에 따르면, 사신이 도착해 그 지역의 모든 아가씨들을 한자리에 모이게 한다. 심판관들은 모든 처자들의 외모, 머리칼, 얼굴, 눈썹, 입, 입술 등의 균형이 맞고 잘생겼는지를 심사해 16점에서 20점 전후로 점수를 매긴다. 만약 황제가 20점 이상의 아가씨들을 데려오라고 하면 명령에 따라 20점, 21점 이상 획득한 아가씨들을 선발해간다. 선발된 아가씨들은 궁에서 두 번째로 심사를 받게 되고 30~40점 정도를 받은 엄선된 처자들만이 황제의 처소에 들어가게 된다. 마지막 단계로, 이 아가씨들은 궁중 대신의 아내들이 한 명씩 차례로 밤을 보내며 관찰한다. 처녀인지, 몸의 다른 곳에 이상은 없는지, 코를 골지는 않는지, 입 냄새가 나지는 않는지, 체취까지도 모두 점검한다. 그렇게 하여 최종 선발된 처자들은 여섯 명씩 그룹을 지어 황제 곁에서 한 팀당 3일씩 밤낮으로 시중을 든다. 황제는 아가씨들을 자기 마음대로 할 수 있다. 3일 뒤에는 다른 여섯 명의 아가씨들이 시중을 들러 온다. 첫 번째 두 번째 심사에서 낮은 점수를 받은 아가씨들도 궁에서 기거하며 바느질, 장갑 만들기 등의 기술을 익힌다. 그러다 아내를 찾고자 하는 귀족이 있을 경우, 황제는 이 아가씨들 중 한 명을 상으로 하사하기도 한다. (……) 자기 딸을 빼앗긴 그 지역의 부모들은 자식을 뺏겼는데 분개하지 않을까? 전혀 그렇지 않다. 오히려 자기 딸이 아름다워 뽑혔다는 사실에 자부심을 느낀다. 천복을 타고난 거라면서 부모인 나보다 황제가 더 행복하게 해줄 것이라고 믿고 귀족에게 시집을 보내도 부모 자신이 해줄 수 있는 것보다 더 잘 살 것이라고 믿는다. 행실이 안 좋아서 행복하지 못하더라도 그건 그 딸아이의 팔자라고 믿는다.

폴로는 계속해서 쿠빌라이의 여러 왕비, 왕자에 대해서도 언급한다.

"황제에게는 네 명의 왕비와 스물두 명의 아들이 있다. 맏아들 칭기즈가 아버지의 뒤를 이어 황제가 될 것이다. 지금의 황제는 첩들과의 사이에 스물다섯 명이 넘는 아들들이 있는데 모두 훌륭하고 용감한 군인들이자 뛰어난 귀족들이다."

네 명의 아름다운 왕비와 그들이 낳은 수많은 아들, 그리고 매일 가까이서 시중드는 각지에서 선발된 최고의 미녀들이야말로 수많은 남성들의 판타지가 아니고 무엇이랴. 몽골 황제의 막강한 권력에 대한 폴로의 묘사는 상당 부분 사실인 것으로 보인다. 문제는 이것을 받아들이던 당시 유럽의 상황이다. 당시 유럽은 로마 가톨릭이 지배하는 신정일치 사회였다.

즉 종교인들이 가장 막강한 정치권력을 지니던 시기다. 황제들마저도 로마 가톨릭 교회의 눈치를 봐야 하던 때였다. 유럽의 황제는 교황과 로마 교회의 눈치를 봐야 했고 종교인들은 교회의 계율 때문에 서로를 감시했고 교황을 두려워했다. 그 누구도 몽골제국의 황제와 같은 막강한 권력을 가진 자는 없었다. 특히 여자 문제에 관한 한 더욱 조심스러울 수밖에 없었던 억압적인 시대가 중세였다. 그런 상황에서 폴로의 기행문이 묘사하는 아시아 황제의 호사는 그야말로 모든 남성의 판타지 그 자체였다.

## 억압된 중세가 만들어낸 성적 판타지

황제의 경우가 아닌 일반적인 일부다처 전통에 대한 언급도 있다. 오늘날의 라오스 지역에 해당하는 "코기구의 왕은 엄청난 부자에 아내만 무려 300명이 넘는데 아름다운 여자에 관한 소문을 들었다 하면 누구나 곧 부인으로 삼는다."(2:116)든가, "몽골의 남성들은 능력만 된다면 100여 명의 아내를 거느릴 수 있다."고 썼다. 그럼에도 몽골 여성들은 "선하고 남편들을 잘 따르며 살림도 잘하고"(1:252) 몽골 남성들은 "자신의 사촌, 심지어 아버지가 죽은 뒤 계모와도 결혼할 수 있을 뿐만 아니라 아내들을 자물쇠와 열쇠를 가지고 관리한다."(1:253)고 묘사한다. 몽골 남성들이 여성들에게 절대적이고 권위적인 가부장적 결정권을 행사하고 있음을 강조한 것이다. 결과적으로 폴로가 묘사하는 아시아는 여성과의 성적 환상을 얼마든지 실현할 수 있는 남성들의 천국일 뿐만 아니라 남성의 권위가 절대적으로 보장되는 이상향으로 보인다.

마지막으로 폴로의 기행문이 묘사하고 있는 중앙아시아의 일처다부제를 보자. 일부다처제는 지금도 이슬람 문화권에 남아 있듯이 한 남성이 둘 이상의 부인을 두는 제도다. 많은 사람들이 알고 있는 전통적이고 가부장적인 결혼 유형이다. 반면 일처다부제는 이와 반대로 한 여성이 둘 이상의 남편을 두는 제도를 말한다. "정말?" 하는 여성들도 있겠지만 한때는 존재했던 이 제도를 지금은 법적으로 허용하는 곳이 거의 없다. 여성의 성적 순결함이 미덕으로 여겨지는 대부분의 문화권에서는 여성이 다수의 성적 파트너를 가진다는 상상 자체가 이해할 수 없는 관습으로 받아들여지기 때문이다. 폴로의 기행문은 오늘날의 몽골, 카트만두 지역의 전통을 설명하며 다음과 같이 묘사하고 있다.

이곳에서는 이방인이 한 남자의 아내나, 딸, 자매 등 그 집안의 어떤 여자와 내키는 대로 해도 분개할 일이라고 여기지 않는다. 오히려 이방인이 자기 집안의 여자와 잠자리를 같이하는 것을 호의라고 생각한다. 그게 자기 집안의 신들과 우상들에게 복을 가져다주고 축복을 전해주는 거라고 믿는다. 그래서인지 이들은 자기 아내를 다음과 같이 열린 방식으로 대한다. 이 지역의 남성들은 낯선 사람이 자기 집에 머무르러 오면 자기 아내에게 이방인 뜻대로 하게 하라고 말해두고 자신은 집을 나간다. 들판이든 과수원이든 나가서 그 이방인이 자기 집을 떠날 때까지 돌아오지 않는다. 방문객은 보통 3일 정도를 그 집에서 집주인의 아내와 잠자리를 같이한다. 그 기간 동안 이방인은 자신이 집에 아직 머문다는 의미로 모자나 다른 물건을 집 앞에 걸어둔다. 집주인인 남성은 그 표식이 걸려 있는 한 집에 돌아오지 않는다. 이런 관습은 이 근방에 널리 퍼져 몽골 황제가 금지했음에도 불구하고 이 지역 사람들은 여전히 이런 방식을 고수한다. 서로를 고발하는 일도 없다.

폴로가 묘사하고 있는 중앙아시아의 일처다부 전통은 어느만큼이 사실이고 과장일까. 폴로가 묘사하는 이 대목에 대해 《다른 세상을 목격한 사람들 : 400~1600년 사이 유럽에 등장한 여행기록 연구》를 쓴 메리 캠벨 Mary B. Campbell과 같은 학자들은 일처다부제에 대한 정확한 설명이라기보다는 당시 경제적 상황이 워낙 열악했던 중앙아시아 유목민들이 근처를 지나가는 상인들에게 딸을 시집보내거나 금전적 보상을 받고 싶은 마음에 자기 집안의 여자들과 시간을 보내도록 허용했던 것으로 보인다고 분석한다. 캠벨의 분석대로 유목민 마을을 지나가는 과객들 대부분이 부유한 상인임을 알고 있는 마을의 추장이나 가장이 혼기가 찬 딸이나 마을의 여성들을 일부러 텐트에 들여보내 시중들게 한 건 아니었을까. 기복신앙이 강한 티베트 지역 사람들은 운이 좋으면 혼사도 그렇게 이루어질 수 있으리라 믿었을 것이다. 이 지역 사람들이 13세기 당시 다른 문화권에 비해 외지인들에게 자기네 여성들과의 잠자리를 관대하게 제공했다는 사실은 역사적으로 인정되고 있는 것으로 보인다. 다만 역사적으로 티베트를 비롯한 중앙아시아의 일처다부 전통이 역사에 비교적 상세하게 기록되고 많이 알려지게 된 데에는 마르크 폴로의 기행문이 기여한 바가 크다. 그는 기행문에 중앙아시아 지역의 일처다부제에 관한 묘사를 여러 차례에 걸쳐 하고 있다. "티베트에서는 젊은 여성이 그곳을 지나가는 방문객들과 결혼

전 가능한 여러 번 관계를 가져야 그 지역 남성과 결혼할 수 있다.", "이 지역 남성들은 외국인이나 남자 손님들을 자신의 집으로 들인 뒤 자기 집 안의 여성과 잠자리를 같이하도록 허락한다."(2 : 53-54)고 쓰고 있다.

티베트는 중앙아시아에서 가장 늦게까지 일처다부제가 존재했던 나라다. 역사적으로 이 지역에 일처다부제가 성행한 이유는 척박한 땅 때문에 남성들이, 그것도 주로 형제들이 함께 모여 땅을 일구고 그 땅을 공동 소유할 필요가 있었기 때문이다. 게다가 유목생활로 인해 형제들이 장기간 집을 비우면 형제 중 한 명이 남은 가족을 관리하고 생계를 책임져야 할 의무가 있었다. 그러다 보니 맏형이 한 여성과 결혼하면 그 여성은 시동생들과도 공식적으로 결혼하게 되는 관습이 티베트식 일처다부제였다. 전통적으로 남아를 선호하고 여아로 판단되면 아이를 유산시키는 전통으로 인해 여아의 숫자가 절대적으로 적었기 때문에 생겨난 관습이라고 분석하는 학자도 있다.

그런데 역사적으로 남녀 수가 거의 비슷했던 시기에도 일처다부제가 존재한 것을 보면 성비의 불균형보다도 앞서 언급한 경제적 이유가 더 컸던 것으로 보인다. 결혼할 여성을 선택하는 권한은 주로 맏형에게 있었다. 아이가 태어나면 아이는 형제들을 공히 '아버지'라고 부름으로써 땅뿐만 아니라 결혼한 여성, 그 여성이 낳은 아이까지도 모두 집단으로 공유하는 특징을 보였다. 형제간의 질투나 반목이 있을 수 있지만 만약 결혼한 여성이 마음에 들지 않는 형제가 있다면 그는 집을 떠나 따로 가족을 형성해야 했다. 집 나간 형제는 땅도 노동도 형제들과 함께 공유하지 못하니 생활이 각박하고 힘겨울 수밖에 없었을 것이다. 그래서 대부분의 경우 형제들 사이에 큰 불만이나 반목 없이 일처다부가 이어질 수 있었던 것이다. 여성의 입장에서도 절대로 특정한 상대를 더 선호하거나 우위에 두어서는 안 되는 것이 관습이라고 한다. 인간이기에 당연히 내면적으로는 더 선호하는 파트너가 있을 수 있지만 맏형을 주로 가장 우선권을 가진 남편으로 인정하면서 다른 형제들에게도 자신의 선호를 드러내지 않는 것이 관례라고 한다. 어찌 보면 생존을 위해 개인적인 욕망은 철저히 하위에 두는 전통이라고 할 수 있겠다.

마르코 폴로가 일처다부제를 암시하는 듯한 또 다른 대목을 보자.

이들 전통에 따르면 여행자가 그 지역에 오면 그 마을의 가장 연장자인 여성이 자기 가족 가운데 아직 결혼하지 않은 딸들을 예쁘게 꾸며 여행자에게 들여보낸다. 여행자는 마음껏 즐거운 시간을 보내다 아가씨를 데려온 나이든 여성에게 돌려보내고 이런 식으로 여행자는 가는 곳마다 20~30명이 넘는 아가씨들과 잠자리를 함께할 수 있다. 여행자는 아가씨에게 반지나 다른 작은 선물을 주게 되어 있긴 하지만 여행 중 머무는 곳에서 원하는 대로 수많은 아가씨와 잠자리를 함께할 수 있다. 모든 아가씨들은 최소한 스무 개 이상의 선물을 받아야 결혼할 수 있는데 가장 많은 선물을 받은 아가씨가 결혼상대로 가장 인기도 높고 스스로를 자랑스럽게 여긴다. 그러나 이곳 남자들은 일단 결혼을 하면 아내를 각별히 여기고 다른 사람의 아내에게 관심을 보이는 것을 대단히 나쁜 행위로 간주한다. 그러니 이렇게 흥미로운 결혼제도가 있는 곳은 젊은 남성들이 가볼 만한 멋진 나라가 아니고 무엇이랴.

폴로는 노골적으로 젊은 이방인 남성들에게 아시아는 가볼 만한 신나는 곳이라고 말하고 있다. 아시아 여성의 몸은 자기네 남성들 사이에서도 소유물처럼 취급되니 서양 남성들에게도 그녀들은 금지된 성역이 아니라 얼마든지 접근 가능한 쉬운 상대, 약간의 돈만 있다면 무수히 여러 번 즐길 수 있는 대상이라는 암시다.

지금은 티베트에서도 일처다부제가 불법이다. 엄밀히 말해 일처다부제는 역사적으로 중앙아시아에만 있었던 관습이 아니라 지구상 대부분의 문화권에서 과도기적으로 존재했던 결혼제도 중 하나에 불과하다. 지금의 이라크에 해당하는 메소포타미아, 인도, 부탄과 같은 아시아 지역뿐만 아니라 아프리카의 나이지리아, 케냐, 탄자니아, 태평양 연안의 폴리네시아 문화권, 서부 사하라의 카나리 군도, 남아메리카 브라질의 부족집단, 북유럽의 켈트 문화권이나 극지방의 에스키모 사회에도 있었던 문화다. 주로 토양이 척박하여 남성들의 집단적 노동력이 절대적으로 필요하고 주어진 먹을거리나 소유할 수 있는 대지가 제한되어 있어 인구가 급격히 늘어나는 것을 억제해야 할 필요가 있는 문화권에서 주로 일처다부제가 있었던 것으로 보인다.


## 일처다부제라는 판타지

13세기 이전의 유럽 역시 오늘날의 상식으로 이해하기 어려운 관습들이 있었다. 소포클레스의 희곡 《오이디푸스》에서처럼 선왕이 병이나 전쟁으로 사망할 경우 새롭게 왕권을 계승한 자가 선왕의 왕비를 취하는 전통도 일종의 일처다부제적 잔재다. 오이디푸스는 자신이 길에서 죽인 낯선 자가 자기 친아버지인 것도 모른 채 혼자가 된 왕비 이오카스테와 결혼하고 뒤늦게야 그녀가 자신의 어머니란 끔찍한 사실을 알게 된다.

셰익스피어의 작품 《햄릿》에서도 배경인 덴마크에 같은 전통이 있었던 듯 보인다. 햄릿은 아버지를 잃은 슬픔도 크지만 두 달 전까지만 해도 아버지를 흠모하던 자기 엄마가 새로 왕이 된 작은 아버지와 결혼해 희희낙락하는 모습에 치를 떤다. 유럽 왕족들 사이에서는 사촌간의 결혼은 말할 것도 없고 남매간의 결혼이 오랜 전통이기도 했다. 북아프리카 이집트의 클레오파트라는 그녀의 아버지 프톨레미 12세 황제가 자신의 여동생 클레오파트라 5세와의 사이에서 낳은 것으로 추정되고 있다. (황제가 관계를 맺은 수많은 궁 안의 애첩이나 하녀들 중 한 명의 피를 물려받았다는 추측도 있다.) 클레오파트라 역시 열 살밖에 안 된 자신의 남동생 프톨레미 13세와 결혼하고 훗날 이 남매 부부는 자신의 왕권을 위해 서로에게 칼을 겨누는 전쟁을 벌이다 로마 황제의 지원을 받은 클레오파트라가 승리하면서 남동생이자 남편인 프톨레미 13세는 나일강에 빠져 숨진다.

유럽에 남아 있던 일부다처, 일처다부제적인 경향은 헤브라이즘 문명과 중세 로마 가톨릭의 강세로 서서히 억압되었다. 중세 유럽인들에게 과도하게 강조된 도덕성과 종교적 윤리는 오히려 자신들 사회에서는 허락되지 않는 '독특하고,' '특이하고,' '기이하며,' '남다른' 현상들을 다른 문화권에서 찾으려는 집단적 관음증을 낳았다. 어느 문명이나 타문화권의 윤리적인 기준이나 잣대로 보면 기이하고 이해하기 어려운 전통들이 있게 마련이다. 그러한 역사들을 절대주의적인 시선으로 바라보며 평가하는 것이야말로 가장 미숙한 태도다. 인종이 다른 사람들을 보면 민망하리만큼 뚫어져라 쳐다보며 구경하는 어린아이들은 문화적·인종적 상대주의를 모르는 미성숙의 상태에서 본능적인 호기심을 드러내는 것이다. 대부분의 성인들도 처음 타문화권에 노출이 되면 그러한 절대적 기준에서 탈피하지 못하는 오류를 범한다. 문화적 절대주의와 달리 문화적 상대주의는 모든 문화권이 각기 자기 나름의 기준과 역사를 가지고 발전해 왔기에 절대적인 기준으로 재단하거나 평가하면 안 된다는 의식이다. 문화의 다양성을 인정하고 차이를 인정하는 열린 태도이기도 하다. 아쉽게도 폴로의 묘사는 대부분 자신의 즉흥적인 감각과 인상의 지배를 받고 있다. 그리고 자신의 개인적이고 제한적인 경험마저도 무수히 많은 일반화된 경향으로 확대해석하고 과장하는 오류마저 범하고 있다.

마르코 폴로의 기행문을 둘러싼 여러 사실들 가운데 짚고 넘어가야 할 사안들이 또 있다. 우선 이 책의 저자로 알려진 마르코 폴로는 이 책을 쓰지 않았다. 이 책의 저자는 피사 출신의 로맨스 소설가 루스티첼로Rustichello 다. 아주 최근인 21세기에 들어서야 폴로의 이름과 루스티첼로의 이름을 저자로 같이 기입한 책들이 등장하기 시작했을 뿐 수백 년 이상 이 책은 마르코 폴로가 쓴 것으로 알려져 있었다. 폴로 일행이 동방의 오랜 여행에서 고향인 베니스로 돌아온 지 얼마 지나지 않아 베니스는 이웃 도시국가 제노아와 전쟁을 치르게 되고 마르코 폴로는 다른 시민 대표들과 함께 감옥에 갇히는 신세가 된다. 분노와 좌절감에 사로잡힌 폴로는 자신이 얼마나 존재감 있는 남다른 인물인지를 알리고 싶은 욕망에 사로잡힌다. 그러고는 마치 《아라비안나이트》의 화자가 천일 동안 매일 저녁 신기한 이야기들을 들려주었듯 폴로 역시 동료 죄수들에게 자신이 동방에서 보고 느낀 것들을 이야기로 들려주기 시작한다. 때마침 같은 감옥 수감자였던 로맨스 작가인 피사 출신의 루스티첼로가 몇 달 뒤 감옥에서 풀려난 이후 폴로에게 그의 이야기들을 책으로 엮어낼 것을 제안한다. 루스티첼로는 폴로가 들려준 이야기를 때로는 혼자만의 기억으로 때로는 직접 찾아가 받아 적으며 책을 완성한다. 폴로는 당시 대부분의 작가들이 책을 쓸 때 주로 썼던 라틴어를 할 줄 몰랐다. 루스티첼로가 이 기행문을 작성할 때 사용했다는 중세 프랑스어 역시 몰랐다고 한다.

저자가 폴로가 아니라는 사실 외에도 폴로의 기행문을 둘러싼 논란은 이 책의 신빙성과 신뢰도를 의심하게 할 만한 대목이 적지 않다. 폴로가 과연 자신의 주장대로 중앙아시아 일대와 중국, 동남아시아까지를 모두 다녀왔는지에 대한 의심이 여전하다. 기행문의 기본이 직접 보고 느낀 경험담에 기반을 둔 것이라고 가정할 때 폴로의 기행문은 역사적으로 가장 유명하고 오래된 속임수라고 해도 과언이 아닐 것이라고 지적한 역사가들이 많다. 2011년 8월 이탈리아 나폴리 대학 다니엘 페트렐라 교수가 이끄는 고고학 연구팀은 "수년간 일본과 중국의 사료를 검토한 결과" 그의 기행문은 "폴로가 직접 경험한 내용을 실은 것이 아니며, 심지어 그가 동방을 여행한 적도 없을 것"이라고 주장했다. 따라서 이탈리아 연구팀과 그 이전 많은 학자들의 주장대로 그는 중국에 간 적조차 없을 수도 있다.

문제는 이 책이 동서양 교류사에 끼친 막대한 영향력이다. 진실에 관한 논란에도 그가 동양에 관한 기행문을 남긴 최초의 서양인이라는 사실에 이의를 제기하는 사람이 없을 정도로 그의 기행문이 지니는 역사적 의미는 크다. 크리스토퍼 콜럼버스가 스페인의 이사벨라 여왕을 설득해 탐험에 필요한 자금을 지원받을 수 있었던 것도 마르코 폴로의 기행문을 읽고 자신의 항해가 실패하지 않으리라는 자신감이 생겼기 때문이었다. 콜럼버스는 마르코 폴로의 기행문에서 "아시아의 동쪽 끝은 거대한 바다"라는 기록을 보고 자신이 배를 타고 서쪽으로 항해해 가면 지구가 둥글기 때문에 아시아의 동쪽 끝에 닿을 수 있을 거라고 확신했다. 실제로 항해를 시작한 1492년 5월 12일 콜럼버스가 탄 산타 마리아호에는 마르코 폴로의 기행문이 놓여 있었다. 이 둘은 같은 이탈리아 출신일 뿐만 아니라 둘 다 제노아에서 태어났고 콜럼버스의 폴로에 대한 신뢰는 굳건했다. 물론 그는 당시 유럽인에게 알려지지 않은 신대륙에 당도했고, 자신이 닿은 곳이 아시아라 믿었으며, 그곳에서 만난 피부색이 구릿빛인 원주민들이 인도인이란 생각에 인디언이라 지칭하는 오류를 범했을 정도로 폴로의 기행문에 대한 믿음이 절대적이었다. (스페인에게 영광을 가져온 콜럼버스의 위상은 대단했기에 그가 사망한 1506년에서야 비로소 아메리고 베스푸치는 콜럼버스가 다녀온 곳이 아시아가 아닌 신대륙임을 공표하고 1507년에 독일의 지도 제작자 마틴 발트제뮐러Martin Waldseemüller가 발간한 세계지도에 최초로 아메리고Amerigo의 여성형인 '아메리카America'라는 이름의 신대륙이 등장한다.)

서양 최초의 아시아 기행문인 《동방견문록》이 처량한 신세가 된 폴로가 자신의 존재감을 증명할 목적으로 시작되었다는 사실은 동서양 교류사에 있어 유감스러운 일이다. 동서양 교류사의 첫 단추가 잘못 끼워진 셈이다. 메리 캠벨의 분석에 의하면 폴로 기행문의 가장 큰 특징은 '과장exaggeration'이다. 이것은 마르코 폴로라는 한 인물의 성격에 기반을 둔 것이기도 한데, 그는 자신의 고향 베네치아 사람들 사이에서 'Millioni(수백만이)'라고 불릴 정도로 평소 "millions and millions……"라는 말을 습관처럼 입에 달고 다녔다고 한다. 오죽하면 임종의 순간 신부가 그동안 늘 어놓은 거짓말을 회개하지 않겠느냐고 물었을까. 그러나 폴로는 "내가 본 것의 절반도 채 얘기하지 못했는데……"라고 대답했다는 일화는 유명하다. 이 과장으로 점철된 폴로의 기행문을 꼼꼼히 분석하며 캠벨은 종종 폴로의 묘사가 얼마나 비현실적인지를 지적하고 있다. 캠벨에 따르면 폴로는 자신이 아시아에서 본 동물의 모양이나, 색깔, 크기, 숫자, 현상들을 묘사하면서 놀라움과 기이함을 강조하기 위해 과도하리만큼 과장하고 있다는 것이다. 그의 기행문에 가장 자주 등장하는 형용사는 '거대한huge', '상상할 수조차 없는unimaginable', '셀 수조차 없는countless numbers', '완전히entirely', '엄청난abundantly', '무한한infinite', '광대한vast'이라는 극단적 표현들이다. 결과적으로 폴로가 묘사하고 있는 동방은 이국적이고 기이한 것들이 넘쳐나는 환상의 공간이다. 그의 기행문이 진실성이나 투명성과는 거리가 먼 이국적인 진실, 그것도 과장과 비현실적인 묘사로 가득한 기행문이었기에 당시의 서양 독자들뿐만 아니라 그 이후 수백 년간 폴로의 기행문을 통해 동방을 이해한 많은 서양인들은 동양에 대해 왜곡된 이미지를 가질 수밖에 없었다.

그의 아시아 여성에 대한 과장과 왜곡의 묘사도 한몫했다. 폴로는 자신이 다녀온 동양이 끝내주는 곳이어서 많은 유럽 남성들이 자신의 경험을 부러워하게 만들고픈 심산이었다. 그러다 보니 아시아 여성은 궁극적으로 남성들에게 성적인 즐거움을 주기 위해 존재하는 것처럼 묘사되는 결과를 낳는다. 폴로의 기행문이 묘사하는 동양 남성들은 주로 몽골 제국의 군인들이었다. 그들은 과도한 남성성의 소유자들인 데 반해 동양 여성들은 과도한 여성성을 지닌 성적 대상으로 묘사되는 패턴이 반복적으로 나타난다. 인종적 정체성에 젠더와 같은 성적 정체성이 결부될 경우 서양의 지배적인 이데올로기는 늘 자신들과 '다른' 인종의 이국성을 강조하기 위해 과도한 남성성이나 과도한 여성성에 대한 신화를 차용하는 경향이 있다. 폴로가 정립한 이분법—무술을 앞세운 위협적인 존재인 동양 남성, 지극히 순종적이고 성적인 즐거움을 제공하는 동양 여성—의 신화는 이후 서양 세계가 동양을 이해하는 데 있어 가장 즐겨 차용하는 이미지가 된다. 지금도 할리우드 영화에서 이런 특징을 찾는 건 어렵지 않다.

역사학자들의 연구에 의하면 13세기 후반 몽골제국이나 중국에 대한 좀 더 정확한 다른 여행기들도 있었다고 한다. 그럼에도 불구하고 폴로의 여행기가 성경 다음으로 많이 읽히고 유명해질 만큼 역사적인 텍스트가 된 것은 그의 기행문이 가장 진짜 같은 '신기한 동방'을 보여주며 서양인들의 기대와 욕구에 부응했기 때문이다. 폴로의 기행문이 다른 세상에 대한 유럽인들의 눈은 열었을지 몰라도 영혼은 오히려 자신만의 세계에 안주하게 만든 셈이다. 자신의 남다른 경험을 인정받고 싶었던 중년 남성 폴로의 개인적 욕망과 상상력이 덧대어져 그의 기행문은 사실보다는 과장과 왜곡으로 물들게 되었고, 다른 이의 손을 통해 재창조되면서 기행문이라기보다는 "~했다더라"는 민담, 설화 차원의 텍스트로 변질되었다. 서양인들이 동양에 대한 첫인상을 갖게 만든 폴로의 책은 동방에 대한 사실화가 아닌 모호한 상상화였던 셈이다.

# 할리우드의 중국 여성

## 〈대지〉와 〈드래건 시드〉

"하늘에는 동서의 구분이 없다.
인간이 그 마음대로 구분 짓고, 그것을 진실이라 믿을 뿐." – 석가모니

서양인들은 늘 유교적 가부장제의 희생양이 된 동양 여성의 모습에 관심을 갖는다. 유교전통이 서양에는 없는 이데올로기여서 신기할 뿐만 아니라 동양에 비해 서양이 얼마나 신사적이고 문명화된 곳인지 은근히 우월감을 맛보려는 의도 때문이다. 아시아가 배경인 소설이나 영화는 예외 없이 유교적 가부장제의 희생양이 된 동양 여성의 모습을 강조한다. 1937년 펄 벅 Pearl S. Buck 여사의 소설을 기반으로 만들어진 영화 〈대지The Good Earth〉는 고전 할리우드 영화시대에 만들어진 흑백영화 가운데 가장 감동적인 작품으로 당시로서는 최고의 히트작이었다. 그런데 아쉽게도 유교적 가부장제의 희생양인 아시아 여성의 모습을 전형화한 영화였다.

중국인 농부 왕릉은 겨우 입에 풀칠할 정도의 가난한 집안 아들이다. 왕릉의 아버지는 지참금이 많지 않은 상황에서 나이든 아들을 장가보내

36

기 위해 노예 출신 여성 오란을 데려오고, 왕룽은 마지못해 그녀를 아내로 맞이한다. 오란은 왕룽의 아들을 낳을 뿐만 아니라 밤낮없이 열심히 일해 모은 돈으로 왕룽이 땅을 살 수 있게 해준다. 가뭄과 기근으로 사람들이 죽어 나가자 모든 이들은 땅을 버리고 도시로 강제 이주할 운명에 처해진다. 하지만 오란의 은근과 끈기로 왕룽일가는 그렇게 소중히 여겼던 땅을 되찾게 되고 농사도 지어 오히려 살림이 불어난다. 왕룽은 더 이상 예전의 가난하고 초라한 농부가 아니다. 그는 새로운 즐거움에 눈떠 비단옷을 입고 술과 여자에 빠지고 온갖 힘든 농사일과 집안일은 모두 오란의 몫이 된다. 왕룽은 오란보다 훨씬 예쁘고 어린 여자를 집에 데려와 그 애첩 없이는 사는 게 아무 의미도 없고 심지어 땅조차도 무의미하다고 말한다. 일이 이쯤 되니 오란은 그 애첩이 집에 와서 함께 사는 것마저 허락한다. 어리고 철없는 첩은 이제는 자라 성인이 된 왕룽의 아들과 바람을 피우고 분노한 왕룽 때문에 온 집안이 발칵 뒤집히는 소란이 벌어지는데 그런 와중에도 오란은 꿋꿋이 모든 것을 감내한다. 그즈음 메뚜기 떼로 인해 중국대륙의 거의 모든 곡식과 나락들이 순식간에 공격을 받는 대재앙이 벌어지고, 왕룽일가도 논밭의 모든 곡식을 잃게 될 위기에 빠진다. 오란은 몸을 사리지 않고 들판에서 메뚜기 떼를 쫓다 결국 죽음을 맞이하게 되고, 그제야 왕룽은 자신이 영위했던 모든 부, 행복, 안정된 삶을 가져다준 존재가 오란이었음을 깨닫고 숨을 거둔 그녀를 부여안고 오열한다.

상영 시간 2시간 18분에 걸친 이 긴 서사 영화는 시드니 프랭클린이 연출을 맡았고 왕룽 역에 오스트리아-헝가리계 미국 배우인 폴 무니Paul Muni

가 먼저 캐스팅된다. 178센티미터의 키에 몸무게가 70킬로그램 정도였던 이 미국 배우는 첫 번째 데뷔작으로 아카데미 최우수 남우 주연상을 수상할 정도로 연기력을 인정받았고, 맡은 역할에 따라 자유자재로 목소리와 외모를 변신시킬 줄 아는 다재다능한 배우로 알려져 있었다. 제작진은 일찌감치 그를 왕룽 역할에 내정했기 때문에 그의 아내 오란 역으로 안나 메이 웡Anna May Wong을 캐스팅할까 고려했던 애초의 생각은 접을 수밖에 없었다. 그도 그럴 것이 1930년대 당시만 해도 미국정부 검열기관에서는 은막에서 인종이 다른 남녀배우가 보여주는 어떤 종류의 신체적 접촉도 금지하고 있었기에 백인 남자 배우인 폴 무니와 안나 메이 웡의 부부 역할은 용납받기 어려운 선택이었다. 그들은 안나 메이 웡 대신 독일의 연극배우 루이스 라이너Luise Rainer를 오란 역에 캐스팅한다. 독일의 무대 연출가 막스 라인하르트가 발굴한 라이너는 히틀러가 유럽을 점령할 즈음 독일에서 활동하던 신인 연극배우였다. 영화사 MGM은 그녀의 재능을 알아보고 할리우드에서 연기할 것을 제안했고, 라이너는 25세의 나이에 미국으로 건너온다. 그녀는 1935~36년에 걸쳐 두 편 정도의 영화에 출연하며 연기력과 잠재력을 동시에 인정받고 있던 상황이었다. 오란 역에 캐스팅되자 라이너는 이전 할리우드 영화에서 동양 여성을 연기했던 대부분의 백인 여배우들과 달리 과도한 분장을 거부한다. 그녀의 마르고 가는 얼굴선이 아시아 여성을 연기하기에 적절해 보였던 덕분인지 제작진도 이전 백인 여배우들에게 필수적으로 행했던, 쌍꺼풀 없는 동양인 눈을 강조하기 위한 눈두덩이의 테이핑을 시도하지 않았다.

할리우드 역사에서도 〈대지〉에서의 루이스 라이너의 기용은 〈드래건 시

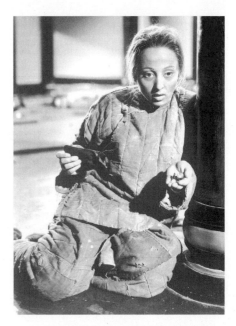

영화 〈대지〉에서 동양인으로 열연한 루이스 라이너.

드Dragon Seed〉(1944)의 캐서린 헵번이나 머나 로이보다 더 자연스럽고 성공적인 캐스팅으로 인정받고 있다. 라이너가 연기한 오란은 무한한 인내로 어려움을 견뎌내면서도 관용을 베푸는 조강지처로서는 감동적일 만큼 헌신적인 인물이지만 남편에게 구박받고 애첩에게 모욕을 당하는 가엾은 희생자의 이미지다. MGM은 1930~40년대 할리우드 영화사 가운데 가장 막강한 자금력을 가졌던 스튜디오로 고증을 통한 사실적인 배경과 중국 로케이션을 통해 이 대작을 완성한다. 결과적으로 〈대지〉의 오란은 2차 세계대전 이전 아시아 여성 이미지로서 미국 관객들에게 가장 오래 강력한 인상을 남긴다.

〈대지〉의 성공에 고무된 MGM 사는 펄 벅의 다른 소설을 영화화하기로 결정한다. 1944년 펄 벅의 또 다른 소설을 기반으로 만들어진 영화 〈드래건 시드〉는 연기파 배우 캐서린 헵번이 여주인공에 캐스팅되어 특히 더 관심을 끌었다. 중국 남쪽의 작은 시골마을에 사는 링탕 일가에는 세 명의 아들이 있다. 위의 두 아들에겐 며느리들이 있고, 셋째는 미혼으로 자유분방하다. 둘째 며느리인 제이드 탄(캐서린 헵번)은 1930년대 대부분의 다른 중국인 여성과 달리 책읽기를 좋아한다. 중국 대륙 북쪽으로 진격 중이던 일본군들이 링탕 일가가 거주하는 남쪽까지 침략하자 마을 사람들은 별다른 저항 없이 일본군들의 비위를 맞추는 쪽을 선택한다. 그러나 제이드는 마을 사람들을 독려해 부당함에 맞서 싸울 것을 제안한다. 심지어 실전에 대비해 총 쏘는 것까지 연습한다. 문제는 그녀를 비웃는 가부장적인 남성들이다. 그들은 "여자가 남편은 쫄쫄 굶기면서 전쟁에나 관심을 두다니……."라며 공공연하게 제이드를 비난한다.

1937년 〈대지〉와 1944년 〈드래건 시드〉 사이에는 제2차 세계대전이라는 큰 사건이 있었다. 일본이 2차 대전을 일으킨 전범국가로 등장하고 진주만 공격을 통해 미국의 직접적인 적국이 되면서 할리우드 영화 속에 등장하는 일본군들은 '악의 축'으로 등극한다. 〈대지〉와 〈드래건 시드〉에서 중국인들이 평화를 사랑하는 가없은 농민들로 조명된 반면 〈드래건 시드〉의 일본군들은 잔악한 침략자로 묘사된다. 〈드래건 시드〉의 제이드를 비롯한 아시아 여성들은 일본군들의 강간에 대한 공포와 가부장적인 동족 남성들의 억압과 무시라는 이중고를 감당하는 희생양으로 재현된다. 현재진행형이었던 제2차 세계대전의 영향으로 〈드래건 시드〉는 〈대지〉만큼 흥행에 성공하지는 못했지만 MGM 사의 작품이란 점과 당시 최고의 명배우로 소문난 캐서린 헵번이 최초로 아시아 여성 역을 연기했다는 사실에 힘입어 수많은 미국인들의 기억에 남는 영화가 되었다.

중국의 남녀관계를 오래 관찰했던 펄 벅은 지나치게 가부장적인 중국 남성들 때문에 여성으로서의 인권을 존중받지 못하고 살아온 수많은 중국 여성에게 연민을 느꼈다. 그러다 보니 펄 벅 원작 소설에서 중국 남성들은 자기의 아내를 억압하고 여성들 위에 군림하는 무신경한 남편들로 등장하는 반면 여성들은 현명하고 현실적이며 끈기와 인내심으로 모든 역경을 견뎌내는 인물들로 등장한다. 펄 벅의 진보적인 여성의식이 〈대지〉나 〈드래건 시드〉에 등장하는 아시아 여성들을 긍정적으로 조명하는 데에 기여한 것은 사실이다. 하지만 여전히 아시아 남성들은 가부장적인 존재로 갇혀 있다. 남편과 남성들이 억압적이고 가부장적일수록 동양 여성의 고통이 강조될 수 있기에 영화로 만들어진 〈대지〉와 〈드래건 시드〉의 아시아 남성들은 편협하고 이기적인 남성들로 등장한다. 어떤 측면에서 〈대지〉나 〈드래건 시드〉는 할리우드 아시아 여성 재현의 역사에서 긍정적인 영향을 남겼다고 볼 수도 있지만 아시아 사회 전체의 이미지 면에서는 부정적인 결과를 낳았다. 스크린에 등장하는 중국인들을 모두 백인 배우들이 연기한다는 점 때문에 〈대지〉나 〈드래건 시드〉를 지금 시점에서 다시 보면 찢어진 눈 분장이 어색해 보인다. 특히 〈드래건 시드〉로 최우수 조연 여배우상을 수상한 얼라인 맥마흔Aline MacMahon은 교활해 보이는 중국 노파 이미지를 선보인다. 흥미롭게도 헵번과 맥마흔 둘 다 감정 표현 없이 무표정한 얼굴로 연기하고 있는데, 이 두 여배우들의 눈에는 아시아 여성이 표정을 드러내지 않는 포커페이스로 느껴졌던 모양이다. 연기의 교과서적 모범을 보여준다는 캐서린 헵번이 이 역할을 맡으며 어떤 준비를 했는지 궁금할 정도로 〈드래건 시드〉에서 그녀의 연기와 대사는 엇박자다. 시종일관 어둡고 혼란스런 표정을 통해 헵번은 진보적인 여성의식과 가부장적인 가치 사이에서 갈등하는 혼란스런 제이드의 내면을 드러내려 한 게 아닐까 싶다. 그럼에도 헵번의 연기가 어색하고 부자연스러운 데다 총을 맞고 죽는 남자들의 연기마저 어색한 걸 보면 감독의 역량이 부족했던 이유가 큰 것 같다.

제이드의 입을 통해 드러나는 진보적인 인종·여성·정치 의식은 모두 이 영화의 원작자 펄 벅의 의식에서 비롯된 것이다. 펄 벅은 장로교회 선교사로 중국에 체류하던 부모님 사이에서 1892년 태어난다. 거의 대부분의 유년시절, 학창시절을 중국에서 자라면서 중국어와 영어를 자연스럽게 배우고 익힌 서양 여성이었다. 스무 살의 나이였던 1911년 대학을 다니기 위해 미국으로 돌아가 버지니아, 린치버그의 랜돌프-메이컨 칼리지를 졸업한다. 이후 다시 중국으로 돌아갔고, 문화혁명으로 중국에 있던 거의 모든 서양인들이 위협을 느끼게 된 1934년 완전히 중국을 떠날 때까지 20여 년을 중국을 기반으로 생활하며 중국인들의 생활상, 문화, 문학, 교육에 관심을 가지고 수많은 책을 써낸다. 대표작인 《대지》(1931)로 1932년 퓰리처상을 수상한 데 이어 1938년 노벨문학상을 수상했다. 1949년, 그녀는 미국 내에서 아시아 출신의 어린이와 혼혈아들이 입양 시에 차별을 받거나 입양을 거부당한다는 사실에 부당함을 느껴 국제적인 혼혈 어린이를 위한 입양기관을 설립했다. 특히 6·25전쟁 직후인 1965년에는 한국을 비롯해, 태국, 필리핀, 베트남 등 전쟁의 후유증으로 혼혈아들이 생긴 국가들에 '펄 벅 국제재단'을 만들어 전쟁 고아들이 입양될 수 있는 제도적 장치를 마련했다. 그러한 그녀의 문화적, 사회적 노력에도 한때 아시아에서는 그녀를 제국주의의 첨병 역할을 한 인물로 지목하여 그녀 업적의 의미를 깎아내리거나 비판하는 시도가 있었다. 중국의 문화혁명 기간이었던 1972년 리처드 닉슨 미국 대통령과 함께 중국을 방문하려고 했던 그녀에게 중국 정부는 입국을 불허했고 그녀는 마음에 큰 상처를 입었던 것으로 알려져 있다.

1930년대 할리우드 영화 초반 당시 아시아를 배경으로 한 두 편의 대작을 통해 아시아의 문화가 서양에 소개된 데에는 펄 벅의 영향이 컸다. 서양 여성인 그녀의 눈에 비친 아시아는 지극히 남성 중심적인 사회였다. 그러다 보니 그녀의 소설이나 그 소설들을 바탕으로 만들어진 할리우드 영화는 아시아 남성을 가부장적이고 보수적인 집단으로, 아시아 여성은 가부장제에서 끊임없이 인내하고 희생하는 인물로 묘사되는 공식을 낳는 데에 일조했다.

# 20세기, 편견을 이어받다

### 〈조이 럭 클럽〉

"나는 슬픈 게 좋아. 엄마한테 배웠거든." – 〈조이 럭 클럽〉 중 로즈의 대사

1990년대에는 유독 아시아 여성과 백인 남성 간의 사랑을 그린 영화들이 많았다. 1990년 8월에 촉발된 걸프전은 베트남전 이후 미국이 나서서 싸운 가장 큰 규모의 국제전이었다. 부시 정부는 전쟁 참여를 반대하는 여론에 맞서 미국은 세계의 경찰이라는 이미지를 내세우며 자국의 참전을 정당화하기 바빴다. 그런 시대적 배경 아래 1990년대 아시아 여성이 등장하는 영화들로는 〈와서 천국을 봐Come See the Paradise〉(1990), 〈수천 개의 금 조각들Thousand Pieces of Gold〉(1990), 〈하늘과 땅Heaven and Earth〉(1993), 〈삼나무 숲에 내리는 눈Snow Falling on Cedars〉(1999) 등이 있다. 다문화주의multiculturalism를 교육의 제일 목표로 삼은 미국 정부의 노력 때문인지 할리우드에서 제작되는 1990년대 영화들은 기존에 잘 알려지지 않았던 유색인종들을 주인공으로 내세운 영화들에 꽤 많은 투자를 했다.

그중 이들 1990년대 영화들과 달리 특별한 작품이 하나 있었는데, 바로 에이미 탠Amy Tan의 1989년 동명 소설을 영화로 만든 〈조이 럭 클럽The Joy Luck Club〉(1993)이다. 이 작품은 같은 시기의 다른 작품들이 주로 아시아를 배경으로 한 동양 여성들을 주인공으로 내세운 것과 달리 미국에 건너온 새로운 세대의 아시아 여성들의 삶을 보여주며 역대 '아시아 여성 영화'로 서는 전례 없는 큰 성공을 거두었다.

샌프란시스코에 사는 중국계 이민 여성 수유안, 린도, 잉잉, 안 메이는 정기적으로 만나 마작을 하며 수다를 떠는 오랜 친구 사이다. 그러나 수유안이 죽자 남은 세 친구는 수유안의 딸 준June을 끼워주고 린도, 잉잉, 안 메이의 딸들도 얽히게 되면서 처음으로 네 딸들은 이전에 듣지 못했던 어머니 세대의 이야기를 듣게 된다. 가부장적이고 유교적인 중국에서 태어났던 어머니 세대들의 과거는 아픈 상처투성이다. 자신들의 아픔이 반복되지 않길 바라는 엄마들의 지나친 요구와 관심 때문에 미국에서 태어난 딸 세대는 엄마들과 매사에 충돌한다. 웨인 왕Wayne Wang이 감독을 맡은 이 영화는 1993년 개봉 당시 가장 흥행에 성공한 아시아계 미국 영화가 되었다. 영화를 본 관객들은 아직 영화를 못 본 친구들에게 꼭 손수건이나 티슈를 챙겨 가라고 조언할 정도로 눈물을 쏟아내게 하는 결말이 인상적이었다. 어떤 평론가는 영화사 측에서 이 영화의 멜로 드라마적인 측면을 지나치게 홍보함으로써 영화가 가지는 묵직한 역사적 가치나 서사적 의미를 퇴화시켰다고 비난할 정도였다.

중국계 미국 작가인 프랭크 친Frank Chin은 "이 작품에 등장하는 아시아 남자들이 하나같이 비정상적이고 폭력적이어서 아내를 때리거나 억압하는 인간들"이라며 이 소설과 영화에서 아시아 남자와 짝이 된 주인공들은 모두 불행해지고 유일하게 행복한 딸은 백인 남성과 결혼한 여성이었음을 지적한다. 그리고 아시아 남자들에 대한 부정적인 이미지는 에이미 탠 스스로의 개인적인 경험을 지나치게 일반화한 게 아닌지 궁금하다며 개인적인 공격도 서슴지 않았다. 에이미 탠이 자신의 상업적 성공을 위해 동족인 아시아 남성을 팔아먹은 셈이라는 것이다. 이미 맥신 홍 킹스턴 Maxine Hong Kingston을 비난한 전력 때문에 사람들은 프랭크 친이 자신보다 성공한 모든 아시아계 미국 작가들에게 시비를 걸고 있다고 치부해버렸지만 친뿐만 아니라 대부분의 아시아계 남성 관객들은 영화를 보고 불편함을 느꼈다고 토로했다. 그리고 이것이 어쩌면 왜 미국 내 아시아계 여성의 70퍼센트 이상이 아시아계가 아닌 백인 남성과 결혼하는지를 설명해주는 이유라고 지적하기도 했다. 미국에서 상영되는 아시아 여성이 등장하는 대부분의 영화에서 아시아 남성은 백인 남성들에 비해 못나고 억압적이어서 결국에는 연적인 백인 남성에게 패배하고 자신들의 여자도 제대로 지키지 못하는 열등한 존재로 등장한다는 것이다.

가부장적 유교주의가 아시아 여성에게 굴레가 되어왔던 것은 사실이다. 오죽하면 1990년대에 《공자가 죽어야 나라가 산다》 부류의 책이 한국에서 선풍적인 인기를 끌었을까. 동아시아 사회에 끼친 유교주의의 부정적인 잔재들을 생각하면 서양문화에 재현된 아시아 여성과 유교전통의 떼려야 뗄 수 없는 연관성에 딴죽을 걸 이유가 없어 보인다. 하지만 유교적 전통을 받아들였던 조선왕조 오백 년의 역사나 중국, 동남아시아에서 아시아 여성의 위상이 그들의 생각만큼 극심했던가 하면, 동의하기 어렵다.

결혼 후 자신의 성姓을 바꿔야 했던 서양 여성들에 비해 아시아 여성들은 자신의 성을 고수할 수 있었고, 집안 살림에 있어서도 남성들보다 더 높거나 대등한 결정권을 가지고 곳간 열쇠는 여성이 관장하는 경우가 적지 않았다. 사대부 집안의 경우 안채에 부인이 기거하고 그보다 작은 사랑채에 남편이 기거하는 전통 역시 아녀자를 보호하려는 목적뿐만 아니라 아내들의 위상에 대한 존중이기도 했다. 물론 여성의 활동 영역을 집안으로 한정하다 보니 집안에서의 여성의 위상은 우리가 아는 것보다 높았다는 것이지 서양에 비해 획기적으로 여성의 사회적 지위가 높았다는 말은 결코 아니다.

20세기 동안 동아시아 역시 급격한 사회 전반의 변화를 겪으며 아시아 여성들의 사회적 지위는 달라지고 목소리도 높아졌다. 아시아에서 만들어지는 드라마와 영화 속 여성들의 위상은 하루가 다르게 달라지는데 서양에는 여전히 아시아 여성들만이 가부장제의 희생양으로 박제가 된 이미지 그대로 남아 있고 그 패턴이 반복되는 것은 명백한 현실 불일치다. 〈로스트〉 같은 드라마를 보면서 〈벤자민 버튼의 시간은 거꾸로 간다〉처럼 자꾸 예전의 패턴을 반복하고 고수하는 서양 속 아시아 재현의 역사가 아시아의 다른 현실과 대조되어 더 불편하게 보인다.

## 1. 미국 TV 시리즈 〈로스트〉

미국드라마 〈로스트〉처럼 '동양' 여성이 가부장적인 남편과 사회 안에서 억압받는 내용을 다룬 대표적인 할리우드 영화들은 〈대지The Good Earth〉(1937), 〈드래건 시드Dragon Seed〉(1944), 〈왕과 나The King and I〉(1956), 〈용처럼 걸어라Walk Like Dragon〉(1960)가 있다.

## 2. 마르코 폴로의 《동방견문록》

마르코 폴로의 기행문은 번역자에 따라 여러 버전이 있지만 이 책을 위해서 참고한 책으로는 모울과 펠리엇A. C. Moule & Paul Pelliot이 번역한 《세상 묘사The Description of the World》(Routledge, 1938)와 로널드 레이섬Ronald Latham이 번역한 《마르코 폴로의 기행문The Travels of Marco Polo》(The Folio Society, 1969), 테레사 와Teresa Waugh 번역의 《마르코 폴로의 기행문The Travels of Marco Polo》(Sidgwick & Jackson, 1984), 이렇게 세 권의 책을 참고했다.

5세기부터 17세기 사이 다른 대륙에 다녀온 유럽인들이 펴낸 기행문을 분석한 학자 메리 캠벨Mary B. Campbell의 책 《다른 세상을 목격한 사람들 : 400~1600년 사이 유럽에 등장한 여행기록 연구The Witness and the Other World : Exotic European Travel Writing, 400~1600》(Cornell UP, 1988)은 객관적인 사실에 입각해 쓰인 것으로 간주되는 기행문이 얼마나 많은 주관적인 시선에 의해 과장되거나 왜곡되는지를 보여준다. 캠벨은 과장과 왜곡의 대표적인 사례로 유럽인 최초로 동방기행문을 남긴 마르코 폴로의 기행문을 분석하고 있다. 리사 로우 역시 그녀의 책 《비평의 영역》 1장 "Discourse and Heterogeneity : Situating Orientalism"(1~29쪽)에서 오리엔탈리즘의 역사를 통찰력 있게 분석하고 있다.

# 아시아 열풍을 이끈
# 게이샤 걸

〈미카도〉부터 스쿨 걸 판타지까지

2

성인으로서 대등한 남녀관계가 아니라 어느 한쪽이 다른 한쪽을 일방적으로 소유하고 거느리는 관계에서, 서양과 동양의 요원한 차이는 늘 평행선을 긋고 그 두 문화권을 상징하는 남녀관계도 결국 영원할 수 없다. 서양 남자 주인공은 이국적이고 순진무구한 동양 여성에게 일시적으로 매료되겠지만 현실로 돌아오면 그 여성은 서양의 일부가 될 수 없는 미숙한 존재에 불과하다. 결국 아시아 여성들은 버림받고 자결하는 게 나비부인식 내러티브 구조다.

# 동양 여성을 향한
# 은밀한 성적 판타지

"동은 동, 서는 서, 그 둘은 결코 만나지 않을 것이다."
– 러드야드 키플링의 시, 〈동양과 서양의 발라드〉 중에서

서양에는 없는, 아시아에만 존재하는 성적 판타지가 있다. 스쿨 걸school girl 판타지다. 교복을 입은 여학생의 이미지 속에 공존하는 순수함과 섹시함의 위험스런 경계를 성적 욕망의 대상으로 삼는 환상이다. 서양에서도 19세기 후반에는 소녀 숭배 경향이 뚜렷했지만 성에 관한 한 엄격한 도덕적 잣대로 처벌하던 사회 분위기 속에서 소녀 숭배는 이국적인 환상과 결합되거나 초기 포르노그래피에서 그 흔적을 찾을 수 있을 뿐 20세기 이후에는 점차 사라지게 되었다. 그 결과, 오늘날 서양에서는 십대든 유아든 미성년자를 성적 욕망의 대상으로 한, 그 어떤 것도 모두 중대한 처벌의 대상으로 삼기에 감히 드러내놓고 얘기조차 할 수 없는 것이 페도필리아pedophilia, 즉 소아성애다. 성적으로는 우리보다 훨씬 개방적인 듯 보이는 유럽이나 미국이 이 소아성애적 경향에 대해서만큼은 지극히 엄격한

잣대로 처벌하고 심각한 범죄로 간주한다. 미성년자와의 성적 접촉 역시
도 엄중한 처벌의 대상이기에 아무리 판타지일지라도 스쿨 걸 유니폼을
입은 소녀와의 관계를 상상하는 것 자체만으로도 문제일 수 있다. 그런데
그러한 스쿨 걸 이미지가 유독 아시아 대중문화에는 넘쳐난다. 일본의 포
르노사이트나 잡지에는 다 큰 성인 여성이 여학생 교복을 입은 이미지가
자주 등장하고, 인기 있는 코스프레 쇼에도 소녀, 유아적 이미지는 빠지
지 않고 등장하는 단골 이미지다.


## 스쿨 걸 판타지와 걸 그룹 밴드

2000년대 이후 한국의 걸 그룹들도 일본 진출을 목표로 하면서, 스쿨
걸 룩 이미지는 자주 시도하는 전략 중 하나가 되었다. 걸 그룹의 어린 나
이와 섹시함이 결합된 스쿨 걸 이미지의 핵심은 바로 청순함과 섹시함 사
이를 위험스럽게 오가는 그 아슬아슬함에 있다. 그래서인지 스쿨 걸 이미
지는 어필하는 연령층도 다양하다. 걸 그룹에 열광하는 유치원, 초등생부
터 십대 청소년은 말할 것도 없고 아저씨, 삼촌 팬들에게까지 어필하는
효과적인 전략으로 자주 쓰인다.

그러나 이렇게 어린 소녀 이미지에 기댄 대중문화 전략은 위험부담이
크다. '소녀시대' 멤버들이 자라 20대 후반이 되고 30대에 가까워지면 어
찌할 것인가. 제2의 소녀시대를 만들고 1세대 소녀시대는 해체시키거나
연기자, 진행자 등 다른 분야에서 활동하게 할 것인가. 청순가련한 여성
스타의 이미지는 그래서 그만큼 위험하다. 그녀가 더 이상 '소녀'도 '청

순'도 하지 않다는 사실을 아는 순간 대중의 시선은 두 배 더 싸늘하게 돌변한다.

외국인들은 한국 연예기획사들이 이렇게 특정 이미지에 기댄 어리고 젊은 연예인들을 양산해내는 기술과 아이디어에 대해 놀라움을 표하면서도 다른 한편으로는 그 전략이 오래갈 것인지에 대해서는 매우 회의적이다. 변하고 성장하는 인간의 본성을 억압하며 인위적인 다이어트로 몸매 관리를 한다든가, 어린 소녀 이미지에 맞춰 성인 이미지를 감추고 훈련받은 춤과 노래는 그리 오래가지 못할 것이기 때문이다. 대중들 역시 아무 생각 없이 즐겁게 바라만 볼 수 없다. 성장하고 성숙해가는 예술가가 아니라 박제된 듯 인위적으로 만들어진 기획 상품이라면 그 이미지를 소비하는 사람들도 쉽게 식상함을 느끼고 새로운 이미지를 찾아 눈을 돌릴 것은 뻔하다.

따지고 보면 어린 여성 숭배는 문화인류학적으로 어느 문화권에나 있을 수 있는, 가장 보편적인 성적 환상 중 하나다. 그럼에도 스쿨 걸 이미지는 여성을 성숙한 어른으로 인정하지 않는다는 데에 문제가 있다. 여성은 남성에게 보호받아 마땅하다고 믿는 구태의연한 사고방식에 기인한 것이다. 그 대상이 서양 남성이든 나이 많은 남성이든 여성은 자신을 보호하고 지켜줄 남성에게 기대야만 하는 어린아이 같은 존재라는 믿음이야말로 가부장제 신화의 가장 기본 전제다. 실제로 똑똑하고 독립적인 한국 여성들조차 성인이 되고 데이트를 하면서 남자친구 앞에서 혀 짧은 소리를 하며 어린아이인 양 유아적, 퇴행적으로 구는 것이 귀엽게 보이는 것이라 착각하는 경향이 있는데 이는 그야말로 유치한 사고방식이다.

그럼에도 많은 남성들이 여성들의 유아적 미숙함에 빠져드는 이유는 그게 순수함의 표상이라 착각하기 때문이다. 더 나아가 그런 여성들이 자신에게 기댈 때 마치 자신이 대단히 우월하고 능력 있는 남자인 듯한 착각을 불러일으키기 때문이다. 한 번 그러한 관계를 경험하며 남성다움을 한껏 즐겨본 남성이라면 그 불균등한 성적 관계에 탐닉할 수 있다. 아이처럼 의존적인 여성은 마음껏 소유하고 향유해도 아무런 저항 없이 순진무구하게 따라줄 것 같은 느낌이 드는 것이다. 그런 남성들의 욕망에 어필하는 것이 바로 스쿨 걸 이미지다.

그런데 이러한 스쿨 걸 신드롬은 금기시된 서양의 문화적 분위기를 피해 동양 여성에 대한 위험한 판타지로 옮겨간다. 종교가 지배하는 중세의 금욕적 분위기의 결과가 《동방견문록》에 감춰진 이교도(타문화)에 대한 성적 판타지로 엿보인다면, 근대 이후의 억압된 구조 아래 상대적으로 느슨한 외부 문화에 대한 성적 판타지가 드러나는 것은 단연 푸치니의 오페라 〈나비부인〉이다. 물론 금기된 욕망의 말로는 대부분 비극적이다. 언어로 교감할 수 없는 어린아이들 같은 동양 여성과의 관계는 완전한 이해에 바탕을 두지 않았기에 비극적인 결말은 필연적이다. 19세기 유럽의 아시아를 배경으로 한 서양 남성과 동양 여성의 로맨스는 늘 이별과 죽음으로 끝났다. 그런데 특이하게도 〈나비부인〉식 내러티브가 동양 여성이 등장하는 극의 전형적인 공식이라는 점이다. 그들 작품에 등장하는 동양 여성은 대부분 십대 후반의 소녀들이다. 〈나비부인〉의 초초산은 16세, 〈국화부인〉의 국화부인은 17세의 소녀였다. 성인으로서 대등한 남녀관계가 아니라 어느 한쪽이 다른 한쪽을 일방적으로 소유하고 거느리는 관계에서,

실비아 시드니 주연의 〈나비부인Madame Butterfly〉(1932) 영화 포스터.

서양과 동양의 요원한 차이는 늘 평행선을 긋고 그 두 문화권을 상징하는 남녀관계도 결국 영원할 수 없다. 서양 남자 주인공은 이국적이고 순진무구한 동양 여성에게 일시적으로 매료되겠지만 현실로 돌아오면 그 여성은 서양의 일부가 될 수 없는 미숙한 존재에 불과하다. 결국 아시아 여성들은 버림받고 자결하는 게 나비부인식 내러티브 구조다. 그렇다면 왜 유독 아시아 여성은 '아이', '소녀' 이미지와 자주 연결되는가. 왜 다 자란 성인 아시아 여성들이 덜 자란 어린 여자아이 이미지에 자신들의 몸을 끼워 맞추고 인형처럼 '백치미'를 연기하는가. 남성들은 대체 왜 이런 유아적인 여성 이미지에 열광하는가.

서양 공연사 최초로 아시아 여성이 등장하는 작품이 1885년 영국 무대에 올려진 〈미카도The Mikado〉였다. 19세기 후반 유럽은 유독 아이와 여성에게만큼은 순수함innocence을 강박적으로 요구하던 시기였다. 그러다 보니 이 시대 유럽사회 전반의 여성성에 대한 지배적인 관념이 동양 여성 캐릭터에도 그대로 투영됐다. 즉, 오늘날 아시아에 팽배한 어린 여성에 대한 성적 판타지는 19세기 서양에서 시작된 게이샤 걸 열풍이 역으로 근대 이후 아시아 남성들의 성적 환상에 스며든 것이라고 볼 수 있다.


## 게이샤, 서양에 분 일본 열풍

1837년부터 1901년까지 영국을 통치한 빅토리아 여왕 때문에 19세기를 빅토리아 시대라고 부른다. 이 당시에는 다 자란 성인 여성도 어린아이처럼 순수하고 순진한 것이 미덕으로 여겨졌고 중산층 이상 가정의 남편들은 자신의 아내가 순수한 '집안의 천사'이길 원했다.

현대희곡의 아버지라 불리는 노르웨이의 희곡작가 헨리크 입센의 1879년 희곡 《인형의 집A Doll House》에서 남편 토발드 헬메르는 노라를 줄곧 어린아이 대하듯 그녀의 코를 쥐고 흔들거나 '종달새', '다람쥐'처럼 온갖 귀여운 애칭으로 부르곤 한다. 노라는 그런 남편의 기대에 어긋나지 않는, 영원히 순수하고 아름다운 아내로 남길 바라며 주어진 역할에 충실한 '집안의 천사'다. 그러나 대출서류에 사인을 위조해 남편의 명예를 실추시켰다는 이유로 남편은 아내, 엄마로서의 자격이 없다고 노라의 도덕성을 비난하고, 노라는 그런 남편의 태도에 충격을 받는다. 남편의 위선과 이중적인 태도에 실망한 노라가 처음으로 남편에게 진실을 말하는 마지막 장면, 달라진 노라의 모습은 그동안 그녀가 편안한 자신 그대로가 아니라 남편과 사회가 요구하는, 인형 같은 역할놀이에 충실한 모습으로 자신을 억압하고 살아왔음이 생생하게 드러나는 대목이다.

아동문학과 성인문학의 경계를 넘나드는 19세기의 대표적인 문학작품인 J. M. 배리의 《피터 팬》이나 루이스 캐럴의 《이상한 나라의 앨리스》에 등장하는 웬디와 앨리스에도 빅토리아 시대 당시 소녀 숭배의 신화가 배어 있다. 빅토리아 시대는 이렇듯 사춘기 이전 소녀의 순수함을 숭배하고 어린아이가 2차 성징을 드러내는 사춘기를 순수의 상실로 받아들여 부정적으로 인식하던 시기였다. 이러한 소녀 숭배 경향은 중산층 가정에서 특히 더 심했는데, 중산층 남성들은 자신들의 우월성을 순수한 딸들이나 아이 같은 아내를 통해서 드러내려 했다. 자신들의 아이와 아내는 최대한 순수함을 오래 간직할 것을 기대하면서 엄격한 도덕을 강요하는 사회 분위기 때문에 그들은 대신 책이나 공연에서 성적 환상을 자극하는 하류층 여성들, 이국적인 여성들에 탐닉했다.

19세기 후반 유럽에서 가장 인기를 끌던 공연 양식이 벌레스크Burlesque나 엑스트라버겐자Extravaganza였는데, 여성들이 집단으로 나와 군무를 추거나 다리를 드러내고 캉캉 춤을 선보이다 사이사이 만담이나 코믹한 극도 곁들이는 일종의 버라이어티쇼였다. 이 공연 양식의 주관객들은 남성들이었고 벌레스크와 엑스트라버겐자는 자연스럽게 20세기로 넘어오며 카바레, 나이트클럽 공연이나 스트립쇼의 모태가 되었다. '포르노그래피'

라는 용어가 등장한 것도 19세기 후반이었다. 여성학자 아네트 쿤Annette Kuhn에 따르면 포르노그래피는 창녀들의 생활을 기술한 책이나 소설을 지칭하는 말이었다. 초창기에는 창녀들의 행동이나 생활상을 묘사한 소설의 형태로 소비하던 남성들이 20세기로 접어들며 사진, 잡지, 영화 등 다양한 매체로 성적인 이미지를 소비하게 되면서 오늘날의 포르노그래피로 발전된 것이다.

19세기 후반 영국 최초의 일본극은 길버트와 설리번이 사보이 극장에 올렸던 〈미카도〉였다. 이 작품에서 재상의 집 하녀로 등장한 세 아가씨 Three Maids들은 공연 내내 함께 춤추고 노래하는 코러스로 기능했고 관객들은 그녀들의 등장에 가장 큰 박수를 보냈다. 아이들처럼 키득대며 함께 몰려다니는 십대 소녀들로 재현된 세 하녀들은 〈미카도〉를 대표하는 인기 캐릭터가 되었다. 공연이 끝나자 런던은 세 하녀들의 기모노, 머리장식, 소품들을 파는 가게들로 넘쳐났으며 일본풍 유행은 절정에 달한다. 〈미카도〉가 일으킨 게이샤 열풍은 19세기 후반 유럽의 거의 모든 음악극에 영향을 미치며 1800년대 후반 유럽을 휩쓴 일본 열풍의 직접적인 계기가 된다. 〈미카도〉 제작자들이 최초로 일본극을 구상하게 된 배경은 무엇일까.

19세기 중반, 유럽의 제국주의적 관심은 마침내 서양에 알려지지 않은 미지의 땅 동아시아로 향한다. 특히 동쪽 끝의 섬나라 일본에 대한 유럽인들의 관심이 급증하자, 1853년 미국의 해군제독 매튜 페리Matthew C. Perry가 이끄는 군함은 일본의 쿠리하마 만에 정박한다. 페리의 군함은 교역을 요구하며 장기간의 협상과 협박에 들어간다. 예전의 역사책은 이 배를 '상선' 이라고 기록했는데, 표면적으로는 상업적 교역을 요구하는 배였지만 엄밀히 말해 미국정부의 임무를 띤 군함이었다. 당시 60세였던 페리 제독은 자신의 오랜 해군 경력에서 이 임무가 가장 중요한 것임을 직감하고 미국 대통령 밀라드 필모어Millard Fillmore의 편지를 일본 황제에게 전달한 뒤 소극적인 태도를 보이는 일본제국 대표단에게 오로지 황제가 직접 보낸 사신과만 만나겠다며 몇 달을 버틴다. 일본의 천황이 상징적인 존재일 뿐 실질적인 통치는 그 아래의 총리와 대신들이 하는 것이라는 사실을 모르고 그는 계속해서 오로지 천황과만 직접 대화하겠다고 우겼던 것이다. 1854년 3월 31일 드디어 미국과 일본 양측은 역사적인 조약서에 사인을 마친다. 일본은 그간 네덜란드와 중국과 제한된 범위 내에서 약간의 교역을 했을 뿐 외국과의 교류는 전혀 없는 극동의 가장 조용한 나라였다. 미국과 문호개방을 약속함과 동시에 일본은 오랜 고립정책을 깨고 유럽의 여러 나라와도 교류를 시작한다.

그 결과 1860~80년대 유럽에서는 패션, 인테리어, 예술, 공연 전 분야에서 일본 열풍이 불기 시작한다. 일본으로부터 수입된 도자기, 그림, 부채, 우산, 기모노 등이 상류사회에서 유행했고, 일본의 판화와 동양화 기법에 매료된 유럽 화가들은 자신들의 화폭에 일본판화와 풍경화로부터 받은 영감을 실현하려 애쓰면서 미술에서도 오리엔탈리즘 열풍이 불기 시작한다. 1861년경 프랑스의 예술인 가운데 시인 보들레르, 작곡가 생상이 자신들의 작품에 일본 목판화 그림에 대해 언급하기 시작했고 1870년대로 접어들면 영국의 휘슬러와 로제티, 프랑스의 세잔느, 로트렉, 드가, 르누아르, 벨기에의 반 고흐가 대표적으로 일본화풍의 영향을 보여준 화가들이었다. 이들은 일본판화가 지니는 단순하고 평면적인 미학에서 새로

〈일본 여인La Japonaise〉, 클로드 모네(1876).

운 영감을 얻어 색채나 기법 면에서도 일본화풍을 따라 훨씬 대담한 실험성을 보여준다. 프랑스의 화가 클로드 모네의 〈일본 여인La Japonaise〉(1876)은 당시 유럽의 일본 열풍을 압축적으로 보여주는 그림이다. 붉은 바탕에 금실로 자수가 놓인 화려한 기모노를 입고 부채를 든 여성은 모네의 아내 카밀르이다. 반 고흐의 그림에는 일본판화의 풍경과 기법을 차용한 시도가 여러 작품에서 등장하는데 일본 게이샤를 그린 목판화풍 그림 〈일본 여인〉(1887) 때에 절정에 이르러 당시 자신의 많은 풍경화, 초상화에 일본 목판화풍의 영향을 여실히 드러냈다.

# 〈미카도〉,
# 19세기 오리엔탈 뮤지컬에
# 불을 지피다

"우리의 태도는 진부하고 이상하답니다 — 그렇게 생각지 않는다면 당신이 문제가 있는 거죠."
— 〈미카도〉 중에서

동양풍의 유행은 유럽인들이 즐기던 공연에도 영향을 미쳤다. 1860~80년
대 유럽의 공연예술에서 유행을 주도하던 곳은 단연 영국 런던의 사보이
극장이었다. 특히 작사가인 윌리엄 길버트와 작곡가 아서 설리번이 콤비
로 만든 사보이 오페라는 1871년부터 1896년까지 무려 25년간 런던의 가
장 인기 있는 레퍼토리였다. 1885년에 공연된 〈미카도〉는 본격적으로 동
양을 배경으로 한 최초의 흥행작으로 이후 유럽 무대에 오른 수많은 아시
아 배경의 뮤지컬, 오페라 열풍을 이끈 작품이다. 〈미카도〉는 길버트/설
리번 합작 오페라 열네 편 가운데 아홉 번째 창작극이자 가장 큰 인기를
누렸던 작품으로 이후 수많은 모방작들이 생겨날 만큼 유명세를 누렸다.
길버트와 설리번이 처음 시도한 동양을 배경으로 한 오페라였기에 당시
아시아에 한 번도 가본 적이 없는 대다수의 영국 관객들에게는 아시아 이

아시아 열풍을 이끈 게이샤 걸

미지에 지대한 영향을 끼친 첫 작품이라 할 수 있다.

## 문화적 몰이해와 우월감

〈미카도〉는 가상의 일본국 티티푸를 배경으로 벌어지는 해프닝을 담은 2막의 코믹 오페라 또는 오페레타(작은 규모의 오페라)다. 이 작품이 재현해내는 일본은 엄격한 규율과 강한 위계 질서로 대표되는 지극히 작위적인 사회다. 남녀 간의 연애마저도 질서를 어지럽히는 난잡한 행위로 간주하여 서슴없이 백성들을 감금하고 처형하는 막강한 통치자 미카도에게는 아버지에게 반발하는 장성한 아들 난기푸가 있다. 난기푸는 우연히 만난 재상 고고의 집 하녀 염염과 사랑에 빠진다. 나이 먹은 재상 고고 또한 하녀 염염에게 연심을 품고 있는데 그 사실을 모른 채 과부인 카티샤는 고고에게 적극적인 구애를 펼친다. 미카도의 불호령 때문에 재상 고고는 자신의 처벌을 피하기 위해 난기푸를 찾아내야만 하는 위기에 처한다. 이렇게 얽히고설킨 삼각관계는 작품의 부수적인 플롯이고 극의 주된 내용은 미카도의 감시와 형벌에 대한 사람들의 두려움이다. 미카도의 계율을 어기고 누구든지 바람을 피우기라도 하면 곧바로 감옥에 가거나 사형을 당해야 하는 티티푸 마을의 상황이 갈등과 긴장을 유발하는 주된 원인이기 때문이다. 그렇다고 미카도가 절대적인 군주로서 막강한 권력의 소유자인가 하면 그렇지만도 않다.

이 코믹 오페라에서 미카도의 권력은 종종 조롱거리가 되고 권력을 가진 자일수록 규율을 어길 수밖에 없는 자가당착적 모순에 빠진다. 마을 사람들은 최고의 처형 담당자로, 바람을 피워 감옥에서 거의 사형 직전까지 간 적이 있는 고고를 선정함으로써, 처형 제도 자체가 시행되기 어렵도록 만든다. 허락 없이 바람을 피운 죄로 누구든 극형에 처해지기 전, 고고 자신부터 벌을 받아야 마땅하기 때문이다. 등장인물들의 애정 관계가 자세히 다루어지지 않고, 평론가들 역시 주인공들이 사랑에 빠진 모습을 다룬 장면들이 실감나지 않았다고 평한 걸 보면 이 오페라는 처음부터 로맨스와는 거리가 먼 블랙코미디의 요소가 더 강조된 정치풍자극이라고 할 수 있다. 그런 의미에서 〈미카도〉의 아시아인들이 희화화된 만화적 인물들이란 사실은 작가의 의도된 풍자 때문이니 풍자극 속 아시아인의 이미지를 평가하는 것은 부적절할 수도 있겠다. 그러나 자세히 들여다보면 아시아 문화에 대한 몰이해와 백인으로서의 상대적 우월감이 너무나도 빤히 드러나는 재현 양상이라는 걸 알 수 있다.

막이 오르면 일본 전통의상을 입고 부채를 든 일단의 남성 코러스들이 정지된 얼음 자세로 자신들의 신분이 '일본 신사들'이라고 소개한다. 이 남성 코러스들은 자신들의 모습을 그동안 보아온 화병이나 도자기 속의 일본 이미지와 비교해보라며 "우리의 태도는 진부하고 이상하답니다—그렇게 생각지 않는다면 당신이 문제가 있는 거죠."라고 노래한다. 이 대사를 뒷받침하듯 남성 코러스들은 도자기나 벽화 속 인물들처럼 얼어붙은 정지 동작에서 한 사람씩 차례로 살아 움직이는 것으로 공연이 시작된다. 이러한 연출은 주로 역사 속 인물들을 무대에 올릴 때 효과적인 방식으로, 정형화된 인물들과 예측 가능한 이야기가 펼쳐지는 사극에 흔히 사용하는 기법이다.

대본을 쓴 길버트는 일본인 역을 맡은 사보이 배우들에게 부자연스럽고, 딱딱하게, 인형처럼 움직일 것을 주문했다고 한다. 일본 남성들의 딱딱하고 부자연스런 움직임과 과장된 몸짓에 대해 길버트는 궁정 예절의 엄격함을 보여주기 위한 의도가 있었다고 설명했지만 불행히도 이러한 재현은 아시아인들의 기이함을 강조하는 결과를 낳게 된다.

〈미카도〉 속 일본 귀족들은 미카도를 두려워하면서도 겉으로는 충성을 다하는 이중성을 보인다. 티티푸 사람들이 미카도에 대해 느끼는 감정은 억압된 공포와 강제된 충성심이기 때문에 이 오페라의 하이라이트에 해당하는 미카도의 행렬장면은 마치 벌거벗은 임금님의 경우처럼 어리석은 가장행렬로 보일 뿐이다. 존경하지도 않는 통치자에게 굽실대는 일본 귀족들의 위선적인 충성, 부자연스럽고 딱딱한 배우들의 움직임 때문에 〈미카도〉는 동양인들이란 양면성과 이중성을 가진 사람들이라는 느낌을 갖게 한다.

〈미카도〉에 등장하는 동양 여성은 젊은 여성과 나이든 여성 두 종류로 대별된다. 작가인 길버트에게는 나이가 여성의 가치를 결정짓는 가장 중요한 요소였던 모양이다. 미카도의 재상인 고고는 자기 집 하녀인 염염에게 마음이 있는데 그것도 모른 채 귀족부인 카티샤는 고고에게 끊임없이 구애를 한다. 아이처럼 곧잘 웃고 천진난만한 염염은 로맨스와 성적 환상의 대상인데 반해, 나이든 귀족부인 카티샤는 못생기고 자기착각에 빠진 희극적인 인물로 묘사된다. '젊고 아름다운 처녀'와 '늙고 탐욕스러운 노파' 같은 식의 등장인물의 전형화는 서구에 전통적으로 내려오던 코메디아 델라르테Commedia Dell' arte 양식에서 유래한 것이다. 중세유럽에 쓰인 동화 《백설공주》, 《잠자는 숲속의 미녀》, 《신데렐라》부터 르네상스 시대의 셰익스피어 희곡까지 지속된 경향이다.

코메디아 델라르테는 '직업적인 예술인들'을 뜻하는 이탈리아 말로 16세기 유럽에서 마을과 마을을 다니며 공연을 하던 순회 공연단을 의미한다. 그들이 즐겨 공연하던 레퍼토리에는 사랑에 빠진 젊은 연인의 사랑을 반대하는 부모들이 등장한다. 젊은 아가씨의 부모는 딸을 다른 남자들에게 결혼시키려 하고 구애자로는 주로 탐욕스럽고 돈 많은 구두쇠, 용감한 척 전쟁터에서의 자신의 전과를 자랑하지만 겁 많은 퇴역군인, 학자인 양 뽐내지만 지식은 없고 허세뿐인 귀족 등이 등장한다. 유일하게 젊은 연인의 하인들만이 두 연인의 편지를 나르며 사랑을 돕는 메신저 역할을 한다. 코메디아 델라르테는 몰리에르와 같은 17세기 프랑스 작가뿐만 아니라 18세기의 팬터마임 연극에도 지대한 영향을 미쳤고, 19세기 오페라에서도 그 흔적을 엿볼 수 있다. 집안의 젊은 남녀 하인들이 지팡이를 가지고 벌이던 소동에서 유래해 오늘날 몸으로 웃기는 코믹한 연기를 슬랩스틱slapstick 코미디라고 부르기도 한다.

코메디아 델라르테의 영향은 셰익스피어의 《로미오와 줄리엣》에도 나타나고, 우리나라에서는 《춘향전》이 가장 대표적인 사례이다. 코메디아 델라르테 양식의 공연에서는 나이든 사람들을 연륜이 있고 현명한 인물들로 묘사하기보다는 추하고 탐욕스럽게, 젊은 연인들은 순수함과 아름다움의 표상으로 묘사하는 경향이 있다. 《로미오와 줄리엣》에서 줄리엣의 유모가 보여주는 질퍽한 성적 농담이나 《춘향전》의 춘향 어머니가 여성으로서의 수치심조차 없어 보이는 중성적인 이미지의 퇴기로 묘사되는

〈미카도〉에서 세 하녀를 연기한 영국 배우들(1885).

것, 변학도의 탐욕스런 모습이 유아적일만큼 과장되게 묘사되는 것 들이 모두 나이듦을 추하게 묘사해온 코메디아 델라르테의 전형적인 경향이라고 볼 수 있다.

〈미카도〉의 작가인 길버트의 여성 묘사도 노골적인 성적 모티브가 코믹한 요소와 결합되어 더욱 문제적으로 보인다. 고고의 하녀들인 염염 Yum-Yum, 피티싱Pitti-Sing, 핍보Peep-Bo는 성인 여성이라고 보기 어려울 만큼 유아적이고 의존적인 표정과 동작으로 일관한다. 세 여배우들은 동양 여성의 '작은' 느낌을 전달하기 위해 상반신을 깊숙이 숙인 자세로 셋이서 함께 움직이는데 이러한 무대 위 동작들은 부자연스러워 보일 뿐만 아니라 복종적이고 어린아이 같은 동양 여성의 이미지를 강조한다. '늙고 추한' 카티샤는 강박적일 만큼 자신의 신체적 아름다움에 관해 언급함으로써 관객들의 관심을 자신의 '몸'에 집중시킨다. 그녀는 자신의 왼쪽 팔꿈치가 너무 예뻐 사람들이 그걸 보려고 먼 거리를 달려온다고 주장하면서 화요일과 금요일에만 일반인에게 공개하는데 방문자가 너무 많아 방문자 카드까지 발급한다는 믿기 어려운 수다를 떤다. 자신의 귓불이 얼마나 거대한지 그리고 그 내부 구조는 얼마나 오묘하고 아름다운지를 늘어놓으며 에둘러 자신의 성적 매력을 과시하고 자신의 건강한 치아까지 자랑하며 자화자찬을 늘어놓는다.

등장인물 가운데 관객들로부터 가장 많은 관심을 불러일으킨 것은 고고 집안에서 일하는 세 명의 하녀들이었다. 배역을 맡은 세 사람의 영국 여배우인 시빌 그레이, 레오노라 브라함, 제시 본드의 키가 우연히도 거의 같다는 사실을 발견한 길버트와 제작팀은 세 사람의 하녀를 주요 코러스로 활용해 볼거리가 많은 춤과 노래를 선보이게 함으로써 관객들로부터 뜨거운 반응을 이끌어낸다. 공연 첫날밤 관객들은 열화와 같은 앙코르로 세 여배우를 세 번씩이나 무대에 다시 나오게 만들었고, 이후 〈미카도〉 공연 대부분의 포스터에는 이 세 사람의 하녀 코러스가 주로 등장하게 된다. 세 여배우들의 공연 사진을 보면, 서로의 등에 기대어 몸을 잔뜩 움츠린 채 유혹적인 시선으로 카메라를 바라보는 모습이 인상적이다. 기모노를 입고 아시아 여성처럼 분장을 한 이 세 사람의 영국 여배우들은 마치 갓 태어난 바구니 속 강아지들처럼 집단적이고, 상호의존적이며 유아적인 느낌을 준다.

## 백인이 연기한 동양인 '가장행렬'

세 하녀들이 인기를 끈 것도 우연이었지만 〈미카도〉라는 일본극이 탄생한 과정도 흥미롭다. 길버트는 자신이 일본을 배경으로 한 오페라를 쓰게 된 배경을 대략 이렇게 회상하고 있다. 1885년 어느 날 다음 공연작을 구상 중이던 길버트는 자신의 방 벽에 장식되어 있던 일본도가 바닥에 떨어지자 그것을 집어 드는 순간 "일본"을 새로운 작품의 테마로 삼아보면 어떨까 하는 생각을 하게 되었다고 한다. 그러나 일본에 가본 적도, 일본에 관한 책을 읽은 적도 없는 그로서는 이 새로운 테마를 어떻게 무대에 형상화해야 할지 난감했다. 때마침 런던 근교 나이츠브리지Knightsbridge에 미니어처 일본 마을이 만들어져 런던의 시민들 사이에 화제가 되고 있다는 사실이 떠올랐다. 나이츠브리지는 오늘날의 엑스포 전시장과 마찬가지로 실제 크기의 일본 마을에 일본인들이 거주하는 대규모 전시로 영국인들 사이에 화제가 되고 있었다. 외국의 이국적인 관습에 특히 관심이 많았던 빅토리아 시대 영국인들은 자신들의 문명과 완전히 다른 이 이국적인 전시장에서 실제 일본 여성이 시범을 보이는 다도와 그들의 기모노에 매료되었다. 길버트는 그곳에서 직접 방문객에게 차를 따라주며 접대하던 기모노 차림의 일본 여성을 보고 그 시각적 이미지와 느낌만으로도 충분히 무대에 일본의 이미지를 올릴 수 있을 것 같은 자신감을 얻는다. 이 전시가 많은 사람들의 관심을 끌며 일본에 대한 호기심을 증폭시키고 있던 때였으니 이보다 더 좋은 타이밍은 없을 것 같았다.

길버트는 일본을 배경으로만 삼되 이야기 자체는 런던에서 벌어질 법한 소동으로 꾸며야겠다고 마음먹는다. 훗날 길버트는 자신이 〈미카도〉를 구상하게 된 이 계기가 너무 즉흥적으로 들릴까 염려스러웠던지 공식석상에서는 다음 작품의 소재를 일본으로 하게 된 뚜렷한 이유는 따로 없다고 말하곤 했다. 정치적 풍자를 즐겨 작품의 소재로 사용한 길버트는 〈미카도〉에서 일본은 한바탕 소동이 벌어지는 이국적이고 가상적인 공간적 배경으로만 차용할 뿐 실제로는 영국의 정치와 제도를 풍자하고자 한 의도가 분명해 보인다. 실제로 길버트는 이전의 오페라에서도 영국의 제도와 왕실 등을 풍자하거나 희화화한 정치 풍자적 블랙코믹극을 주로 쓰곤 했다. 문제는 〈미카도〉의 경우, 당시 영국의 관객들에게 그러한 상징적인 의미나 풍자보다도 일본이라는 새롭고 이국적인 소재와 배경이 더 강조되고 홍보되었다는 사실이다. 〈미카도〉의 첫 공연에 대한 평론에서조차 〈미카도〉가 얼마나 일본 열풍의 한가운데에서 기획되었는지를 엿볼 수 있다. "우리 모두가 일본화 되어가고 있다. 매일 아침 신문의 광고를 보면 런던에 일본이 얼마나 많이 들어와 있는지를 짐작하게 한다."

가까이 있는 일본 전시장 나이츠브리지의 장점을 최대한 살리고 싶었던 길버트와 제작팀은 배우들을 데리고 나이츠브리지를 방문해 직접 일본 문화를 체험하게 한다. 영국인들의 눈에 비친 이 전시장의 첫 느낌은 모든 일본적인 것이 엄청나게 '작다'는 것이었다. 따라서 〈미카도〉 제작팀은 무대에 재현되는 일본인들의 동작과 자세, 찻잔과 부채와 같은 소품들까지도 작게 만들고자 애썼다. 특히 여배우들에게는 일본의 전통 나막신을 신고 걸으며, 과장될 정도의 짧은 보폭과 잰걸음을 연습하도록 요구했다. 1914년에 출판된 《길버트와 설리번 그리고 그들의 오페라》라는 책에 공연 평을 쓴 프랑스와 셀리에François Cellier와 커닝엄 브리지만Cunningham Bridgeman은 "가장 고상하고, 위엄 있고, 똑바른 신체적 우아함을 가진 사보이 배우들이 '잽(Jap, '쪽발이' 정도에 해당하는 비속어)'과 닮아 보이려고 애쓰느라 고생이 많았을 것"이라며 자못 영국 배우들의 대단한 연기력을 칭찬하고 있다. 그들은 계속해서 "이러한 모습들을 도자기로 된 꽃병, 접시, 병풍 등을 통해서는 보았지만 살아 숨 쉬는 사람들의 모습을 통해 본 것은 처음이며 사보이 극장에서야말로 일본인들이 생명을 가진 존재들로 되살아났다."고 극찬했다.

여기서 기억해야 할 중요한 사실은 서양의 동양 재현의 역사에서 실제 동양인이 서양 무대에 부재했다는 점이다. 마치 서양 연극이 고대 그리스 시대부터 르네상스까지 여성의 몸을 완전히 배제한 채 남자 배우들이 여성 역할을 대신한 것과 유사하다. 현실 속의 여성과는 거리가 먼, 과장된 악, 분노, 열정의 화신들로서의 여성 이미지를 생산해낸 것처럼, 무대에 존재하지 않는 동양인의 자리는 서양인의 인식 속에 투영된 동양인의 이미지, 곧 현실이 아닌 관념의 그림자가 대신하게 된 것이다. 동양인을 연기하는 유럽계 백인 배우들은 관객들이 읽어낼 수 있는 '표식'을 통해 '동양인'의 이미지를 전달하려 애썼을 뿐이다. 또한 배우나 관객들 모두의 동양에 대한 인식도 몇몇 작가들의 기행문이나 동양에서 왔다는 도자기, 판화 속 인물들이 전부였다. 즉 분장, 의상과 같은 시각적인 이미지와 동작은 동양을 상징하고 동양으로 이해될 수 있는 하나의 사인sign 언어로 정형화되지 않을 수 없었던 것이다.

이 당시 동양연극들이 관객을 불러 모으던 중요한 요인 가운데 하나는 바로 백인 배우들이 얼마나 독특한 동양인의 얼굴과 머리장식으로 얼마나 동양인처럼 웃고 말하고 걷는지를 보고 즐기는 것이었다. 자연히 배우들은 최대한 관객들에게 분명하게 읽힐 '동양'을 나타내는 '사인'을 만들어내는 데 열중했다. 일상생활에서도 실제 동양인과의 접촉이 거의 없었던 시기였으므로 백인들이 연기하는 동양인 '가장행렬'은 과장과 정형화가 필연적일 수밖에 없었다. 서양연극사에서 실제 동양인 역할을 동양인 배우가 맡아 한 역사는 20세기 중반 이후에서야 가능했다.

## 〈미카도〉를 둘러싼 논란

〈미카도〉는 1885년 3월 14일 첫 공연 이후 672회 공연을 기록하며 사보이 오페라의 최장수 프로그램이 되었는데 19세기 후반까지 가장 긴 공연 기록을 세우며 길버트와 설리번의 명성을 영국 밖으로까지 알리는 데 기여한다. 첫 공연 날의 흥분과 감동을 회상하며 당대의 공연평론가 러트랜드 배링턴은 "내 평생 그렇게도 열정적이고 흥분되는 마음으로 첫 공연을 고대했던 적은 없었다."라고 썼다. 빅토리아 여왕 역시 〈미카도〉의 곡조를 흥얼거릴 정도로 런던의 상류층과 중산층 이상의 부르주와 계층들 사이에서 엄청난 화제가 된다. 영국은 〈미카도〉 열풍에 휩싸였고 2년의 장기공연 동안 영국 사교모임의 관심거리였다. 영국 내에서는 이미 유명인사였던 길버트와 설리번의 명성은 〈미카도〉 이후 미국, 네덜란드, 독일

뿐만 아니라 호주, 남아프리카에까지 알려진다. 베를린에서의 공연 이후 설리번이 프러시아의 빌헬름 왕자에게 공연 소감을 묻자 빌헬름 왕자가 친히 영어로 된 편지를 답신으로 보냈다는 일화도 있다. 20세기 초 실험적인 공연문화를 주도했던 독일에서는 1927년 이후 좀 더 현대화된 버전의 〈미카도〉를 만드는 시도까지 한 것으로 기록되어 있다.

〈미카도〉는 도버해협을 건너 미국에서도 공연되었다. 오늘날로 말하면 할리우드와 서울의 동시개봉처럼 영국과 같은 해에 미국에서도 첫 공연이 이루어진 보기 드문 기록을 가지고 있다. 최초의 미국 공연은 1885년 7월 6일 시카고에서 시드니 로젠펠드Sydney Rosenfeld의 연출로 무대에 올랐으나 그것은 정식 공연허가권이 없는 것이었다. (19세기 후반 영국에서 인기를 얻은 작품을 누가 먼저 허가를 얻어 미국에서 공연할 것이냐는 경쟁이 치열한 비즈니스였다.) 7월 20일 뉴욕 유니언 스퀘어 극장에서의 또 한 번의 공연 이후 이 미국의 첫 〈미카도〉는 허가권이 없는 관계로 공연 금지를 당한다. 뒤늦게 허가권을 얻은 로젠펠드는 8월 17일 공연을 재개했는데 뉴욕에서만 250회 이상 계속될 만큼 관객들의 열렬한 호응을 얻었다.

그럼에도 이 공연이 전혀 논란을 일으키지 않았던 것은 아니다. 첫 공연이 있었던 1885년, 영국 주재 일본 대사는 작품이 일왕을 조롱하는 것 같다고 느꼈지만 정식으로 항의하지는 않았다. 그로부터 20년 뒤인 1907년 일본이 러일전쟁 후 강대국으로 대두된 이후, 일본 황태자 후지모토가 영국을 방문하는 동안 영국의 내무장관은 〈미카도〉의 공연허가권을 취소함으로써 사실상 공연을 금지시켰다. 6주 동안의 공연 금지 기간 중 분노한 길버트는 훗날 회고록인 《사보이 오페라들》에서 이렇게 쓰고 있다. "금지

조치는 접대국인 영국이 방문국인 일본에 지나치게 관대함을 보인 조처이며 3년 안에 영국은 인도의 소유권을 가지고 일본과 전쟁을 벌이게 될 것이고 그렇게 되면 〈미카도〉를 공연해달라고 애원하며 자신으로부터 공연권을 얻기 위해 높은 가격을 제안할 것이다." 길버트는 마치 엉터리 사학자처럼 미래 진단까지 해가며 스스로를 위로한다.

그런데 영국인들조차 〈미카도〉의 아시아인에 대한 재현이 그다지 긍정적이라 생각하진 않았던 것 같다. 빅토리아 여왕도 〈미카도〉의 음악은 좋아했지만 그 스토리는 별로 좋아하지 않았던 것으로 알려져 있다. 1907년의 이 짧은 금지 기간을 제외하고는 〈미카도〉는 1885년 600회 이상의 초연 이후 1888년 116회, 1906년에도 '고전'으로 홍보되며 127회 공연되어 사보이 극장에서만 최소한 1,141회 이상 공연된 것으로 기록되어 있다.

1908년에 재공연된 〈미카도〉의 공연 사진을 보면 엄청나게 큰 규모의 엑스트라와 화려한 무대 장치가 눈에 띈다. 19세기 말에 시작된 이러한 경향, 즉 동양을 배경으로 한 공연의 기획자들이 무엇보다도 시각적인 요소에 가장 많은 비용을 투자하는 경향은 거의 한 세기 뒤인 1990년대까지도 계속된다. 문제는 이러한 시각적 요소들이 대부분 역사적 고증이나 사실과는 거리가 먼 국적 불명의 이미지들이라는 점이다. 일본적이라고 상정한 등장인물들의 이름이나 마을 이름조차 전혀 일본적이지 않을 뿐만 아니라 무대에 오른 일본의 이미지는 국적 불명의 이국적인 공간으로 일본적인 요소라고는 찾아볼 수 없는, 고증과 거리가 먼 무대였다. 일본이 배경이면서도 무대 장치는 태국인 듯 보이기도 하고 인도네시아나 심지어 이집트와도 같은 외형부터가 사실적 재현에 실패한, 서양이 막연하게 상상한 동양의 모습이라고 볼 수 있다.

〈미카도〉는 이후 유럽무대에 수많은 아류작을 만들었다. 진부한 로맨스에 스펙터클한 대규모 무대장치, 이국적인 소품과 의상의 조합은 이후 거의 모든 동양극의 공식이 되었다. 〈미카도〉가 재현하고 있는 일본은 전형적으로 타자화되고 과장된 사회다. 무엇보다도 극중의 아시아인들은 합리적인 사고와는 거리가 먼 인물들이고, 애정 관계까지도 통제하고 간섭하는 절대 권력자 미카도의 위세 때문에 공포에 떨면서도 저항하지 못하는, 거짓 충성과 아부에 여념이 없는 인물들이다. 영국 배우들이 과장된 분장으로 연기한 일본인의 모습은 우스꽝스럽고 황당무계하여 만화적이기까지 하지만 이후 많은 동양극 열풍을 불러오는 계기가 된다. 특히 이 작품에서 가장 인기가 있었던 '세 명의 하녀들'처럼 동양 여성을 주인공으로 내세운 작품이 이후 여러 편 등장한다.

## 환상이 만들어낸 아시아

1896년 어거스틴 데일리가 제작한 코믹 뮤지컬 〈게이샤The Geisha〉는 유럽과 미국에서 동시에 개봉한다. 영국군 장교가 일본의 게이샤와 로맨스를 갖는다는 내용으로 공연 첫해부터 모두 760회 장기 공연되는 성공을 거뒀다. 영국에서 재공연된 횟수만 해도 1906년 6월, 1931년 6월, 1938년 1월에 이어 1935년에는 BBC를 통해 방송되기도 한다.

주인공 커닝엄 중위는 배우이자 성악가인 루이스 브래드필드가 맡았고 〈미카도〉에서 푸바 역으로 명성을 떨쳤던 러틀란드 배링턴이 커닝엄의 친구인 해리 몽크하우스 역을 맡았으며, 샌프란시스코 출신의 18세 소녀인 마벨 길만이 게이샤로 등장한다. 1899년에는 마리 템페스트를 주연으로 재공연되었는데 마리 템페스트는 〈게이샤〉에서도 주인공을 맡았던 인기 여배우다.

영국에서 〈게이샤〉가 공연되던 기간 런던의 가게들은 게이샤의 모자, 머리 장식 등 게이샤와 관련된 상품들로 넘쳐났다. 게이샤 역을 맡은 마리 템페스트는 역할이 마음에 든다며 "정말 색다른 경험이었고 〈게이샤〉야말로 프로듀서이자 연출인 조지 에드워즈가 관객들의 취향을 읽어내는 통찰력이 얼마나 대단한지를 보여주는 작품"이라고 말했다. 인터뷰에서 공연을 위한 영감을 얻기 위해 일본에 가본 적이 있느냐고 연출에게 묻자 에드워즈는 "아니요. 너무 단순한 일본식 음악은 영국 관객들에겐 맞지 않았을 겁니다."라고 대답함으로써 일본 문화를 보여주려는 것이 주목적이 아니라 영국 관객들의 취향에 맞는 공연을 만들려는 것이 주된 목표였음을 시사한다. 영국과 같은 해 미국에서도 동시 개봉된 〈게이샤〉는 이듬해인 1897년 12월 뉴욕에서 재공연되었고 전설적인 미국의 무용가 이사도라 던컨이 공연 후반부 게이샤들 중 한 사람으로 등장하기도 했다.

〈게이샤〉의 뒤를 이어 1막으로 된 일본식 오페레타 〈릴리 체Lili Tse〉가 런던 데일리 극장의 〈컨추리 걸The Country Girl〉 서막 극으로 인기를 끌었는데 이 극은 그 내용보다는 게이샤들이 단체로 무대에 등장해 보여주는 시각적 스펙터클로 인기를 끌었다. 1899년 10월 21일 런던의 데일리 극장에서 중국을 배경으로 한 서양 남성과 중국 여성의 로맨스를 다룬 〈산 토이San Toy〉가 공연된다. 〈게이샤〉와 여러 면에서 유사하지만 배경만이 중국으

〈산 토이San Toy〉의 마리 템페스트(1899).

로 옮겨진 〈나비부인〉식 이야기로 유머감각을 곁들인 대사와 특수효과, 그리고 게이샤들의 군무보다 더 화려하고 밝은 춤, 중국풍의 의상과 무대가 관객을 사로잡았다. 위의 사진에서 마리 템페스트의 의상은 중국 남성의 복색과 비슷하기도 하나 엄청나게 짧은 것이 눈길을 끈다. 중국 여성의 복장을 잘 몰랐던 디자인팀이 중국 남성의 복장을 길이만 짧게 만들어 입혀 보이시한 이미지의 여주인공이 탄생한 것이다. 마치 피터 팬처럼 소년의 이미지 같기도 한데 전반적으로 천진함을 강조한 모습이 흥미롭다.

〈게이샤〉에서 주인공을 맡았던 마리 템페스트가 영국 장교와 사랑에 빠지는 산 토이 역을 맡았고 〈게이샤〉를 썼던 에드워드 모튼이 대본을, 시드니 존스가 음악을 맡았다. 공연평론가 포브스-윈슬로우는 "베틀에서 비단이 펼쳐져 나오는 것처럼 화려한 장면들이 선보인 첫 공연날 밤, 관객들에게는 세상이 온통 밝고 걱정거리도 없는 듯 보였지만, 남아프리카에서 벌어지고 있는 보어전쟁으로 그 어느 해보다 암울한 크리스마스를 맞고 있다. 그래도 오늘 밤만큼은 관객들이 잠시 마음을 딴 데 둘 수 있어 즐거울" 거라고 썼다. 보어전쟁은 남아프리카에 있는 백인들과 현지인들의 갈등으로 촉발된 전형적인 식민지 전쟁이었다. 이러한 정치적 상황에서, 영국 관객들 앞에 펼쳐지는 영국인 장교의 중국에서의 연애이야기는, 단순한 재미를 넘어 제국으로서의 영국의 힘과 백인 우월의식을 확인하는 계기가 되었다. 세계 곳곳에 주둔하며 해가 지지 않는 대영제국을 위해 힘쓰는 영국 군인들이 주인공으로 등장하는 무대를 통해 관객들로 하여금 애국심마저 고취시키는 자리가 되었을 것이다.

그렇다고 극적인 재미가 부차적인 것은 아니었다. 〈산 토이〉는 앞에서 말한 코믹한 요소와 특수효과, 화려한 군무 외에도 선정적인 살해 장면이 관객들을 압도했는데 다른 여자와 사랑에 빠진 남자와 아내 사이에 폭력적인 싸움이 오간 뒤, 아내는 남편을 찌르고 죽은 남편의 시체 곁에서 절망에 빠진 여주인공이 자결하는 것으로 막을 내렸다. 이 마지막 장면이 너무 잔인하고 충격적이어서 평론가들은 "작품이 본래 의도한 풍자적인 면이 오히려 압도되고 말았다."고 쓰고 있다. 장기공연 동안 격렬한 연기가 필요한 산 토이 역도 마리 템페스트에서 플로렌스 코링보른을 거쳐 에이다 리브로 이어졌고, 마지막 공연날 밤에는 관객들이 너무 오랫동안 커튼콜을 원해서 배우들 대표로 이미 반쯤 의상을 벗은 헌틀리 라이트가 무대에 나와 "계속 이러시면 여기 앉아서 울어버릴 겁니다."라고 애원할 정도였다고 기록되어 있다.

〈산 토이〉는 엄청난 인기를 끌었고 마지막 공연의 인기는 첫날 밤을 능가했다. 이 작품은 영국 왕실로까지 초대되어 공연되었고, 몇 년 뒤 제작자인 조지 에드워즈는 "데일리 극장에서 오랫동안 공연되지 않은 〈게이샤〉, 〈산 토이〉 같은 작품들이 독일이나 그 밖의 문명화된 나라들, 특히 식민지에서 여전히 큰 인기를 끌고 있다."라고 씀으로써 이 작품들이 오랜 생명력을 가지고 여러 나라에서 공연되었음을 짐작케 한다.

## 제국주의의 산물

〈게이샤〉나 〈산 토이〉 같은 작품은 결국 식민주의, 제국주의로 대변되는 19세기의 시대적 산물이었다. 이미 아프리카와 아시아의 여러 나라가 영국을 비롯한 유럽의 직접적인 식민통치하에 있었기 때문에 식민의식, 그와 교묘히 연루된 인종 우월의식, 자국이기주의가 당시 유럽의 지배계층 문화 구석구석에 배어 있었다. 〈산 토이〉의 공연 안내 소책자에는 깃이 높은 프록코트를 입고 정장용 모자를 쓴 다섯 명의 백인 남성들과 그 곁에 "이 담배는 위탁을 받아 매주 무료로 남아프리카의 우리 군인들을 위해 보내지고 있습니다."라고 적혀 있는 담배 광고가 있다. 이는 오늘날로 말하면 '올림픽 공식지정 담배' 정도의 선전에 해당하는 것으로 군으로부터 선정된 자사 담배의 질을 홍보함과 동시에 '여러분이 피우실 이 담배가 바로 우리 군인들이 전쟁터에서 피우는 바로 그것'이라며 일선 장병들과의 일체감을 고취시키고 담배 소비자들의 애국심을 상업적인 미끼로 활용하고 있다. 데일리 극장의 역사를 기록한 책 《데일리: 한 극장의 전기》에서 포브스—윈슬로우는 "우리는 항상 이겼다. 왜냐하면 이 당시는 한 사람의 영국인이 외국인 세 명을 대적할 수 있다고 확신하던 시절이었다. 우리에겐 해군, 잘 싸우는 해군, 우리가 칭송해 마지않는 해군이 있었다. 절대로 지지 않는 불도그의 피를 타고난 젊은이들을 이길 수는 없는 법이고 그래서 데일리 극장의 주인공들이 그렇게 자주 해군 장교들인 이유는 바로 거기에 있었다."라고 쓰고 있다.

〈게이샤〉나 〈산 토이〉가 직접적으로 당시 영국군이 참전하고 있던 보어전쟁에 관해 언급하지 않는다고 하더라도 동양의 여러 나라에서 영국군이 원주민 여자들을 마음껏 '소유'하는 이야기 구성 자체는 그 어느 때보다도 19세기 후반 영국의 관객들에게 제국의 국민으로서의 힘과 우월의식을 고취시켰음은 논란의 여지가 없다. 태평양전쟁과 동남아시아에서의 크고 작은 분쟁 동안 로저스와 헤머스타인의 〈남태평양〉이, 또 걸프전이 진행되는 동안 브로드웨이에서 〈미스 사이공〉의 티켓 값이 더 오르며 서양 관객을 끌어 모은 것은 뮤지컬이 단순히 천진난만한 하룻밤의 유희라는 사실에 제동을 거는, 그 사회의 주류가 즐기는 상업적인 공연들이 얼마나 정치적인 이데올로기와 교묘하게 유착되어 있는지를 보여주는 좋은 예이다.

〈게이샤〉, 〈산 토이〉 같은 게이샤 뮤지컬의 성공 이후 유럽에서는 한동안 이국적인 여성들의 춤과 노래를 보여주는 공연들이 성황을 이룬

다. 1904년 3월 5일, 런던의 데일리 극장은 이국적인 동양극 〈싱가리The Cingalee〉를 무대에 올렸는데 '싱가리'는 실론의 인도사람들을 지칭하는 말로 2막의 불춤이 압권이었다. 불춤은 싱가리인들이 새해의 전통으로 마을의 모든 불이 꺼지면 사제가 사원 꼭대기에 불을 붙이고 불의 축제가 시작되었음을 알리는 전통에서 유래한 것이었다. 1902년 런던의 스트랜드 극장에서 공연된 〈중국식 허니문〉에서 수-수 공주로 등장했던 릴리 엘지가 〈싱가리〉에서도 주요 배역을 맡은 것을 보면 20세기 초반 당시 동양을 배경으로 한 극들이 얼마나 많이 유행했으며, 이러한 '오리엔탈 쇼'의 전담 배우들이 정해져 있었음을 알 수 있다. 제1차 세계대전(1914~1917) 동안 뜸했던 오리엔탈 쇼는 1917년 데일리 극장의 〈추-친-차우Chu-Chin-Chow〉로 다시 부활했고, 왕립극장에서만 해도 4년 11개월 동안 무려 2,238회로 단번에 최장기 공연기록을 세운다. 공연 총수입이 300~350만 파운드에 이르렀고, 기획자인 오스카 에시는 이 공연만으로 개인 재산에 20만 파운드의 수입을 더하게 된다. 에시는 어느 비오는 날 비 때문에 취소된 골프 대신 이 작품을 썼는데, 히말라야를 배경으로 한 팬터마임인 이 공연의 성공 비결은 엄청난 규모의 스펙터클이었다. 1936년 8월 7일에 퀸스 극장에서 공연된 〈차이니스 화이트Chinese White〉는 〈추-친-차우〉의 명성을 재현하려던 아류작으로 추측된다. 더들리 호이스가 쓴 이 작품에는 〈추-친-차우〉에 출연했던 배우들이 대거 합류했다. 여러 동양극에 당시의 배우들이 겹치기 출연을 하고 있었다는 사실은 '동양적' 이미지와 '동양적' 연기로 명성을 얻은 배우들이 생겨났다는 것을 의미할 뿐만 아니라, 그만큼 한 동양극과 다른 동양극 사이에 변별성이 없이 얼마나 유행에 편승하고 있었는지를 짐작케 한다. 제2차 세계대전 직전까지 뮤지컬 공연으로 유명했던 런던의 데일리 극장은 워너브라더스가 구입한 후 리모델링에만 무려 25만 파운드의 비용을 들였다. 결과적으로 데일리 극장에 상업적 성공을 안겨다준 작품들은 이국적인 동양 여성 주인공이 등장하는 '게이샤 쇼'였다고 해도 과언이 아닌 셈이다.

## 상업적 오리엔탈 쇼의 시대, 〈코레아의 신부〉

2012년 11월 29일자, 2013년 2월 4일자 조선일보는 〈나비부인〉, 〈투란도트〉보다 먼저 유럽을 사로잡은 원조 한류 공연으로 〈코레아의 신부〉의 발레 대본이 독일에서 발견되었다는 기사를 실었다. 1897년 5월 22일 오스트리아 빈 궁정 오페라하우스에서 초연되었던 〈코레아의 신부Die Braut von Korea〉는 19세기 후반 유럽을 휩쓸었던 '동양극' 열풍의 연장선상에 있던 공연이었다.

4막 9장의 발레로 1895년 하인리히 리델이 줄거리를 쓰고, 1897년 빈 궁정 오페라하우스 악단장이던 요제프 바이어가 곡을 썼다. 이 작품은 길어야 대부분 2년 공연되던 다른 작품들과 달리 무려 5년간 장기 공연된 인기 레퍼토리였다고 전해진다. 그러나 베를린 국립도서관에서 발견되었다는 〈코레아의 신부〉 악보 표지 그림을 보면 고증이 제대로 이루어지지 않아 등장하는 여배우들이 기모노를 입고 일본식 머리장식에 일본 우산을 들고 있는 모습들이 눈에 띈다. 이 작품이 장기 공연되었다면 그것은 순전히 유럽의 다른 나라에서 공연되던 동양극을 그대로 수입해 재탕하고 싶지 않았던 오스트리아인들의 자존심 때문이었다고 볼 수 있다. 대형 아치형 무대장치 8개, 거대한 암벽 구조물 4개, 312벌에 달하는 화려한 의상 등은 당시 이 작품이 얼마나 스펙터클한 이국적 동양극이었는지를 말해준다. 어처구니없는 일이지만 그 스펙터클은 한국의 역사, 문화와는 별 관계없는, 그야말로 웅장한 '오리엔탈 발레'를 보여주려는 의도였을 것으로 추정된다. 이국적이고 스펙터클한 음악과 무대를 즐기려는 의도에서 기획된 이 작품에서 'Korea'는 이국의 공간일 뿐 한국이라는 나라 자체에 대한 관심은 아니라는 말이다. 다만 19세기 후반 중국, 일본이 아닌 또 다른 동아시아 국가로 한국이 있었음을 알렸다는 사실, 청일전쟁을 역사적 배경으로 삼아 동아시아 삼국이 갈등을 겪기 시작한 시점을 이야기의 배경으로 삼았다는 사실에 대한 의미 부여가 가능할 듯싶다.

어쨌든 이 모든 오리엔탈 쇼는 내용면에서 예전 이야기를 재활용한 비슷비슷한 스토리가 대부분이었다. 하지만 제작자들은 보다 스펙터클한 장면을 연출하려고 엄청난 노력을 기울였다. 덕분에 서양연극사에서 대단히 진보적이고 혁신적인 무대기술의 발전은 대부분 19세기 후반에 이루어진다. 19세기 후반의 지배적인 서양 공연 양식이었던 오리엔탈 쇼가 바로 서양 무대기술을 업그레이드시킨 계기가 된 것만은 분명하다. 오리엔탈 쇼의 공식은 높은 제작비에 반복적인 내용인 경우가 대부분이었지만 제작자 입장에서는 흥행 보증수표였다. 리얼리즘과 멜로드라마가 주요한 특징이었던 19세기 후반, 20세기 초 유럽의 공연양식에서 관객은 두어 시간의 일탈적인 현실도피를 맛보았고, 오리엔탈 쇼는 헛헛하고 예측 가능한 내용을 스펙터클한 볼거리로 치장한 당의정으로 작용했다. 내용면에서 주로 서양 남자주인공이 동양의 이국적인 공간에서 벌이는 로맨스를 다루면서, 아시아는 매혹과 거부의 양가적 감정을 동시에 유발하는 공간이었다. 19세기 유럽 관객들의 이국 취향은 고대 아시아 문명에 대한 호기심과 상업주의, 성적 환상과 문화적 제국주의가 긴밀히 결합된 결과물이라 할 수 있다. 19세기 후반 유럽의 오리엔탈 쇼는 새로울 것 없는 내용물을 반복적이고 피상적으로 재현한 것이었다. 그 쇼의 제작과 소비 의도에는 아시아의 역사와 문명에 대한 진지한 호기심이나 성찰은 없었기에 이 오리엔탈 쇼들은 '아시아'를 배경으로 한 뮤지컬이나 오페라라기보다는 그야말로 '오리엔탈 쇼'에 지나지 않는 수준이었다.

1. 스쿨 걸 판타지와 걸 그룹 밴드

《성의 역사》에서 미셸 푸코Michel Foucault는 빅토리아 시대, 특히 성에 대한 억압과 규제가 심했던 19세기 중후반에 오히려 성에 대한 의학적, 법률적인 수많은 기록들이 넘쳐났다고 분석한다. 문학에서는 외국의 낯선 공간에서 경험한 낭만적 성적 경험들을 기록한 책이나 기행문들이 19세기 후반 지식인, 부르주와 남성들 사이에서 큰 인기를 끌었다. 그러한 낯선 공간 가운데에서도 아시아는 특히 유럽문명과 가장 극명하게 대조적인 공간으로 낭만적이고 에로틱한 모든 환상이 가능한 공간처럼 묘사되었다. 여성학자 아네트 쿤Arnette Kuhn에 따르면 '포르노그래피pornography'라는 단어가 처음 생긴 것이 19세기이고 처음에는 포르노그래피가 매춘부들의 생활과 삶에 대해 쓴 글을 통칭하는 용어로 쓰였다고 한다. 글로 대리만족을 느꼈던 포르노그래피가 점차 노골적인 성행위를 묘사하고 이국에서의 성적 환상을 묘사하는 것으로 확대되었다가 1800년대 후반 사진술이 등장하면서 사진과 활동사진의 영역으로까지 확대된 것이 오늘날 우리가 알고 있는 포르노그래피로 발전한 것이다. 19세기에는 모든 유럽인들이 글을 읽을 수 있는 시절이 아니었기에 글로 쓰여진 포르노그래피는 부르주와 계층 남성들의 전유물이었다. 그런 의미에서 초창기 유럽의 외국기행문들은 그 정도의 차이가 있을 뿐 독자층은 주로 부르주와 남성들이었다고 할 수 있고, 이 시기에 아시아를 배경으로 한 기행문들 역시 주로 부르주와 계층 남성 독자들을 염두에 두고 쓰여진 것이라 해도 과언이 아니다. 이 문제적 시기인 19세기가 바로 아시아 국가들이 본격적으로 서양에 소개된 시기였고, 서양문화 속 본격적인 동양 여성 재현의 역사는 바로 19세기 중반부터 시작되었다고 해도 틀리지 않다.

2. Japonaiserie & Japonism

미술사학자 프랭크 위포드Frank Whitford에 따르면 'Japonaiserie'는 일본식 의상이나 소품인 기모노, 부채, 병풍과 같은 이국적인 물품이 유럽 미술에 1870년대부터 1880년대에 걸쳐 대거 등장하고 있는 현상을 말하고, 'Japonism'은 회화에서 일본판화의 영향으로 이전에 유럽회화에 쓰이지 않았던 기법인 평면적인 공감각이라든가 여백의 미를 살리고 가장자리 테두리만을 붓으로 그린 듯한 동양적 회화기법을 의미한다고 말한다. 19세기 후반 유럽을 휩쓸었던 일본 열풍 가운데 회화에 있어서의 일본의 영향을 알고 싶다면 위포드의 저서 《일본판화와 서구 화가들Japanese Prints and Western Painters》(New York : Macmillan Publishing, 1972)을 참조.

## 3. 〈미카도〉와 오리엔탈 뮤지컬

19세기는 동서양 만남에 있어서 가장 큰 변화와 전환의 시기로 동양과 서양의 잘못된 만남이 시작된 시기라고 해도 과언이 아니다. 각자의 문명을 구축해오며 수천 년의 역사를 지속해오던 동양과 서양이 평화로운 공존이 아니라 충돌과 점령, 지배의 아픈 역사로 관계 맺기를 시작한 것이 바로 제국주의의 시대 19세기이기 때문이다. 그만큼 19세기 동서양의 만남은 균형 잡힌 상업적인 만남도, 문화적 호기심에 의한 접촉도 아닌 서양의 일방적인 지리적 팽창과 제국주의적 야심으로 점철된 폭력적인 침입으로 시작되었다. 19세기 후반 유럽은 제국주의의 이데올로기가 팽배한 시대였다. 유럽대륙의 독립국들의 숫자가 눈에 띄게 줄어들면서 각국은 독일제국, 이탈리아왕국, 오스트레일리아-헝가리 제국, 러시아 제국으로 편입되었고 각각의 제국들은 산업화에 필요한 자본과 시장을 찾아 동시에 해외로의 팽창에 열을 올렸다. 아프리카의 대부분과 아시아의 몇몇 나라들이 유럽제국의 통치하에 놓이게 되면서 영국, 프랑스, 독일과 다른 유럽 국가들도 제국의 팽창에 가담하게 된다. 그만큼 1850년대, 이미 아프리카와 서남아시아를 식민지로 편입한 서구열강들은 아시아 대륙 가장 끝에 자리한 동아시아까지 관심을 보이기 시작했다.

제국주의가 국가경계의 지리적 확장을 의미한다면 이국주의exoticism는 문화적, 미학적으로 제국주의의 이데올로기를 뒷받침해주는 정서이다. 19세기 식민지 시대의 문학에 관한 연구서인 《이국적인 추억들Exotic Memories : Literature, Colonialism and the Fin de Siecle》(Stanford UP, 1991)의 저자 크리스 벙기Chris Bongie에 따르면 19세기 유럽문학에 나타난 지배적인 정서가 바로 이국주의였다. 19세기 유럽 문화에 이국정서가 지배적이었던 이유는 유럽문명과 근본적으로 '다른' 곳에 대해 동경하고 상상함으로써 근대화에 박차를 가하느라 파생되는 당대의 억압적인 분위기를 잠시나마 탈피하고자 하는 욕망에서 비롯된 것이었다. 이국정서에 입각한 문학작품이나 그림, 미술작품들의 주된 특징은 유럽을 중심으로 유럽문명과 '다른' 지역의 다름과 차이를 극명하게 부각시킴으로써 세상을 이분법적으로 재현하는 것이다. 예컨대 유럽인들의 상상 속의 아시아 또는 '동방'은 모호하고 신비하며 위험하고 기이한 관습과 비정상적인 성적 환상으로 가득 찬 곳이었다.

에드워드 사이드는 그의 책 《오리엔탈리즘》에서 유럽문화에서의 이국정서가 오리엔탈리즘의 탄생을 가져온 과정을 긴밀하게 추적하고 있는데 사이드 역시 저서에서 19세기 유럽의 문학작품이나 기행문들이 동서양의 문화적 차이를 강조했다고 지적한다. 서양을 강하고 합리적, 이성적이며 도덕적으로 성숙한 기준으로 삼는 반면 그에 반해 동양은 약하고 신비하며, 비합리적이고 기이한 곳으로 묘사하는 공통점들을 보인다는 것이다. 결과적으로 동양은 동쪽을 지칭하는 구체적인 지리적 용어 이상의 의미를 갖게 된다. 모호하고 이국적이며 욕망이 투영된 상상의 공간이 되는 것이다. 게다가 18세기 유럽의 계몽주의 철학과 낭만주의의 영향으로 유럽의 식민영토에 가서 이국적인 문화를 경험해보려는 욕구로 가득한 유럽인들이 늘어났다. 이국적인 경험을 통해 자아를 확인하려는 유럽인들의 개별적인 경험들이 소설이나 논픽션 기록으로 유럽에 속속 전해지면서 19세기는 바야흐로 문학에 있어서도 이국정서가 지배적인 감성이 되었다. 식민주의적 팽창은 이제 한 국가의 정치적, 군사적 활동을 넘어 개별적인 경험이 되기에 이르렀으며 이국주의 또한 개별적인 문화적 전략이 되었다. 《낭만적 고뇌The Romantic Agony》(Oxford UP, 1951)를 쓴 마리오 프라즈Mario Praz에 따르면 "이국적인 것과 사랑에 빠진다는 것은 성적 욕망이 투영된 결과이고 동방은 유럽인들의 상상 속에서 낭만적 성적 경험이 합법화된 공간을 의미한다."고 분석한다. 사이드 역시 유럽인들이 타문명을 식민화하려는 욕망 안에는 성적인 상상과 욕망이 내재되어 있다고 쓰고 있다. "그들이 종종 찾고자 한 것은 다른 종류의 섹슈얼리티, 즉 좀 더 자유롭고 죄책감에 사로잡히지 않아도 되는 성적 경험을 추구하고자 함이고 그러한 개인들에 의해 반복적으로 재현된 '오리엔탈 섹스'는 아시아에 가지 않고도 책을 통해 언제든 즐길 수 있는 하나의 상품이 되었다고 해도 과언이 아니다." 이국적인 것에 대한 매혹, 모르는 것에 대한 신비감 등이 서양의 글쓴이들로 하여금 아시아를 상상의 프리즘을 통해 바라보게 만들었다는 것이다.

# 나비부인의 탄생

3

여성들의 몸과 그 몸을 감싸고 있는 이국적인 의상에 대해서는 상세하게 기록하지만 그들의 생각과 느낌까지 이해하려는 노력은 거의 없다. 라라후가 로티에게 무슨 생각을 하고 있냐고 묻자, 로티는 "많은 것들…… 너는 이해 못하는 많은 것들."이라고 대답한다. 소설에서든 일기에 묘사된 실제에서든 로티는 현지의 언어를 배울 생각도 없었고 그녀들과 의사소통의 필요성도 느끼지 못한다. 소통은 오히려 자신이 추구하는 이국적 판타지를 방해하는 요소일 뿐 로티가 원한 것은 진정한 이해나 사랑이 아니었기 때문이다.

# 서양의 욕망을 드러내다

### 〈나비부인〉

"하룻밤 사이 우리가 얼마나 멀리 와버렸는지⋯⋯."
— 〈미스 사이공〉 중에서

1991년 4월 11일 뉴욕, 뮤지컬 〈미스 사이공〉의 브로드웨이 오프닝 저녁. 18개월 동안 런던에서 대히트를 기록한 뮤지컬이 수많은 논란 끝에 드디어 미국에 상륙한다. 극장 입구에서 시위대는 피켓을 들고 구호를 외치고 두 블록에 걸쳐 극장을 둘러싼 경찰들의 삼엄한 경비 속에 찰튼 헤스턴, 에이미 어빙, 비벌리 실즈, 캘빈 클라인 등 유명 인사들의 리무진이 속속 브로드웨이 극장 앞에 당도한다. 극장 건너편에서는 최소한 200명은 족히 되는 시위대들이 "인종차별적이고 성차별적인 브로드웨이 쇼, 〈미스 사이공〉은 물러가라!"고 외친다.

〈미스 사이공〉을 둘러싼 논란은 이미 몇 달 전인 1990년 12월부터 감지되었다. 동부와 뉴욕에 기반을 둔 아시아계 동성애 단체의 회원들이 〈미스 사이공〉 수익금 일부가 자신들 단체의 기부금 모금행사에 쓰이는 것에 반대하는 입장을 공식 표명하면서부터였다. 그들은 자신들처럼 정치·사회적으로 진보적인 성향의 단체가 인종 차별적이고 여성 차별적인 공연물을 통해 기금을 마련하는 것은 옳지 않다는 입장이었고, 게이&레즈비언 커뮤니티 서비스 센터는 〈미스 사이공〉 제작팀에게 자신들의 의견을 전달하겠다고 약속했다. 그러나 정작 〈미스 사이공〉이 브로드웨이에 상륙하자 이 동성애 단체의 대표들은 수익금을 받는 쪽을 선택했고, 분노하고 실망한 게이&레즈비언 회원들이 가장 앞장서 공연 첫날 밤 시위를 주도한 것이다. 불안감에 사로잡힌 동성애 단체 대표들이 경찰 호위를 요청하면서 말을 탄 경찰들까지 동원되었고 그날 밤 시위 도중 경찰들의 가혹행위가 있었다는 논란도 야기됐다.

그러나 이 단체들 이외에도 이미 1990년 8월 초, 미국 내 배우노동조합과 아시아계 미국 배우 협회 소속 회원들이 〈미스 사이공〉의 캐스팅에 문제를 제기하며 난항이 예상되었다. 〈미스 사이공〉의 실질적인 남자 주인공이라 할 수 있는 유라시안 역할에 백인이자 영국인인 조나단 프라이스가 캐스팅되자 미국 배우협회 소속 회원들이 들고 일어났다. 그나마 기회조차 없는 아시아계 미국 배우들에게 주어진 최소한의 기회를 백인 배우 그것도 영국인에게 주는 것은 불공평하며, 이는 백인이 동양인 역할을 대신해온 그릇된 전통을 답습하는 것이라며 반발했다. 그들은 이 공연이 브로드웨이에서 공연된다면 미국 배우, 그것도 아시아계 미국 배우가 유라시안 역할을 맡게 해야 한다고 주장했다. 〈엠 버터플라이〉로 유명세를 떨친 아시아계 미국 희곡작가 데이비드 헨리 황과 〈엠 버터플라이〉에서 송 릴링을 맡았던 B. D. 웡도 시위에 동참했다.

그러자 〈뉴욕 타임스〉를 비롯한 주류 신문의 공연평론가들도 이 논란에 동참했다. 어떤 평론가는 유럽인과 아시아인의 피가 반반 섞인 유라시안 캐릭터를 아시아계 배우만이 연기해야 한다고 주장하는 것도 역인종 차별이라고 지적했다. 그러자 모든 상황을 지켜보고 있던 프로듀서 카메론 매킨토시는 제작자로서 자신이 원하는 배우는 누구라도 캐스팅할 수 있는 권리가 있다고 맞섰다. 아시아계 미국 배우 가운데에서는 조나단 프라이스만큼의 연기력과 무대 장악력을 가진 배우를 찾을 수 없었다는 것이다. 미국 배우협회가 자신의 예술적 선택을 존중하지 않으면 미국 공연 자체를 취소해버리겠다며 공개적으로 불만을 토로했다. 그러나 거의 일년 뒤의 티켓까지 동날 정도로 기대를 모은 브로드웨이 공연이 취소되는 일은 없었다. 오히려 이런 논란들이 노이즈 마케팅 효과를 거둔 탓인지 〈미스 사이공〉 티켓은 이전의 대형 뮤지컬보다도 더 비싼 가격에 팔려나가고 있었다.


## 20세기판 나비부인

〈레 미제라블〉, 〈캣츠〉, 〈오페라의 유령〉 같은 대형 뮤지컬만을 기획한 영국의 공연기획자 카메론 매킨토시가 〈레 미제라블〉의 곡과 가사를 쓴 클로드-미셸 숀베르그, 알랭 부브릴 콤비와 함께 만든 뮤지컬이 〈미스 사이공〉이다. 흔히 세계 4대 뮤지컬을 〈캣츠〉, 〈레 미제라블〉, 〈오페라의 유령〉, 〈미스 사이공〉으로 꼽는데 매킨토시가 바로 이 4대 뮤지컬 모두를 기획했으니 전 세계 뮤지컬 시장에서 그의 위상이 어떤 것인지는 한눈에 알 수 있다. 매킨토시는 1996년 영국 경제와 뮤지컬 산업에 이바지한 공로를 인정받아 엘리자베스 II세 여왕으로부터 작위를 받았다. 2012년 영화로 제작되어 대히트를 기록한 〈레 미제라블〉 역시 매킨토시가 제작을 맡은 영화였다.

〈미스 사이공〉은 처음부터 끝까지 〈나비부인〉을 현대판 베트남으로 옮겨온 20세기판 〈나비부인〉이다. 제작팀은 작품 제목부터 'Madame Butterfly'를 현대적으로 응용해 'Miss~'로 정하고, 베트남을 가장 잘 나타내는 지명을 넣어 'Miss Saigon'으로 결정한다. 내용은 〈나비부인〉 그대로였지만, 실감나게 무대에 재현된 방콕의 포르노 구역이나, 실제 헬리콥터 크기의 모형이 이착륙하는 장면, 거대한 호치민의 동상 등, 스펙터클한 무대에 무려 1천만 달러(우리 돈 약 130억 원)가 투자됐다. 때마침 1990년 8월에 시작된 걸프 전쟁이 몇 달째 CNN과 전 세계 뉴스를 통해 헤드라인을 장식한 지 어언 5개월로 접어들자 베트남전을 소재로 한 〈미스 사이공〉의 인기는 식을 줄을 몰랐다. 〈미스 사이공〉은 뉴욕을 구경 온 외국인 관광객들이 놓치지 말고 봐야 할 1990년대 최고 흥행 뮤지컬로 자리 잡는다. 1990년대야말로 브로드웨이의 최고 전성기였다. 승승장구하던 미국 주식시장 월가의 뒷마당이나 다름없는 브로드웨이가 미국 경제만큼이나 호황을 누리던 시절이었다.

내가 처음 뉴욕에서 본 뮤지컬도 〈미스 사이공〉이었다. 브로드웨이의 호텔들은 아예 달력에 연중 공연 일정표가 다 기록되어 있는 경우도 있었다. 그러나 당시만 해도 인터넷으로 표를 예매하던 시절은 아니었기에 나는 할인티켓박스에 가서 당일표가 있는지를 알아봐야만 했다. 운 좋게 당

선정적인 복장이 눈길을 끄는 〈미스 사이공〉(1989)의 한 장면.

일 취소된 표가 있었는데 무려 75달러나 했다. 내가 앉았던 브로드웨이 극장 2층 객석 주변에는 때마침 IBM에서 단체 관람을 온 정장 차림의 비즈니스맨들로 가득 차 있었다. 막이 열리자 사이공의 한 나이트클럽, 담배연기 자욱한 바에서 미국 병사들이 클럽 무대를 향해 환호성을 내지른다. 무대에는 노출이 심한 속옷만을 걸친 바걸들이 선정적인 댄스로 장병들을 유혹하고 있다. 이 뮤지컬 관람에 나이제한이 있었나 싶을 정도로 첫 장면 사이공의 나이트클럽은 여느 베트남 배경의 영화 못지않게 선정적이었다.

　전 세계에서 지원한 수백 명의 경쟁자를 뚫고 여주인공 킴Kim 역을 따낸 필리핀 소녀 레아 살롱가에 관한 기사가 생각났다. 브로드웨이에서 드레스 리허설을 시작하면서 살롱가는 주인공 역할을 포기할까 심각하게 고민에 빠진 적이 있었다고 한다. 노출이 심한 의상에 맞춰 체중 조절을 하느라 스트레스를 받아 노래조차 제대로 할 수 없을 정도로 체력이 소진되었기 때문이다. 첫 장면의 비키니 의상을 보니 왜 그랬는지 이해가 갔다. 바걸들의 선정적인 군무가 1막을 압도했다면 2막에서는 방콕의 사창가, 거대한 새장 안에서 봉춤을 추는 창녀들 장면이 반복되었다.

1막의 무대는 사이공 시내의 나이트클럽. 여흥을 즐기던 미군들이 즉석에서 미녀 선발대회를 하자고 제안한다. 가장 섹시하게 춤을 잘 추는 바걸과 행운의 제비를 뽑은 군인이 하룻밤을 보내게 하자는 것이다. 베트남 소녀 킴은 전쟁 때문에 어려워진 가족을 돌보기 위해 술집에 팔려온 순진한 농부의 딸이다. 바에 온 첫날, 미군병사 크리스는 그녀와 사랑에 빠진다. 둘은 하룻밤을 보내고 크리스는 본국으로 철수하라는 명령을 받는다. 겨우 열일곱 살인 킴을 데려가려고 크리스는 포주인 엔지니어에게 얼마를 내야 하는지를 묻는다. 프랑스와 베트남인 사이의 혼혈인 엔지니어는 크리스에게 자신이 사이공을 빠져나갈 수 있게 미국비자도 구해줄 것을 요구한다. 바걸들은 크리스와 킴을 위해 조촐한 결혼예식을 준비해주는데 예식 도중 킴의 사촌이자 공산당원인 뜌이가 들어와 킴과 자신은 어린 시절부터 정혼한 사이였다며 크리스에게 총을 겨눈다. 모든 미군들이 철수하던 날, 크리스는 마지막 헬리콥터에 가까스로 올라타고 뒤늦게 미대사관 앞으로 달려온 킴은 인파 속에서 애타게 크리스를 찾지만 소용없다. 이 유명한 헬리콥터 이륙 장면을 위해 미국 주도의 몇몇 극장들은 천장을 더 높이 올리고 무대를 확장하는 공사를 벌이기도 했다.

3년 뒤. 킴은 크리스의 아들 탬을 낳아 키운다. 1막이 크리스와의 사랑을 지키는 데 혼신을 다하는 킴의 모습이라면 2막은 엄마로서 아이를 보살피기 위해 헌신하는 킴의 모습을 보여준다. 킴은 크리스가 자신을 꼭 찾아줄 거라는 희망으로 빈민가에 숨어 지낸다. 공산당 간부가 된 뜌이는 당원들을 시켜 엔지니어를 찾아내게 하고 엔지니어에게 킴을 찾아오라고 명령한다. 킴에게 혼혈아이가 있다는 사실을 안 뜌이는 아이를 죽이려 하고 킴은 뜌이를 쏘아 죽이고 만다. 엔지니어는 킴의 아이가 절반은 미국인이라는 점을 이용해 미국비자를 받아낼 생각으로 킴과 아이를 방콕으로 데려간다. 크리스는 친구 존을 통해 킴에게 아이가 있다는 사실을 알고 미국인 아내 엘런과 함께 방콕으로 찾아온다. 크리스와 존이 킴을 찾아 시내로 간 사이 킴은 크리스를 찾아 호텔에 도착해 엘런을 보게 된다. 엘런이 존의 아내라고 생각한 킴에게 엘런은 자신이 크리스의 아내라고 말하고 아이의 미래를 위해 뭐든 돕겠다고 제안한다. 절망한 킴이 돌아간 뒤 뒤늦게 그녀가 다녀간 사실을 안 크리스와 존은 엔지니어의 안내로 그녀를 찾아낸다. 엔지니어가 탬을 아빠인 크리스에게 소개하는 사이 방 안의 커튼 뒤에서 권총이 발사된다. 달려 들어온 크리스는 자신을 쏜 킴을 부여안고 그녀는 아들을 부탁한 뒤, 크리스와의 첫날 밤의 대사, "하룻밤 사이 우리가 얼마나 멀리 와버렸는지."를 되뇌며 죽어간다.

자욱한 화염, 공산주의자들의 붉은 깃발 행렬과 거대한 호치민의 동상으로 묘사되는 사이공, 매춘과 포르노 구역의 호객행위로 재현되는 태국의 방콕 거리는 이데올로기의 희생양이 되어 회생 불가능할 만큼 깊이 상처받은 아시아의 모습을 보여준다. 순진한 농부의 딸에서 미혼모 창부로 전락한 킴의 삶이 아시아의 이미지다. 반면, 미국인들은 베트남을 사수하려 애쓰고 끝까지 의리를 지키는 인물들로 등장한다. 월남에 남긴 사생아 구제 운동에 나선 크리스의 친구 존, 자신의 아이를 위해 방콕까지 날아온 크리스, 남편의 숨겨졌던 아이를 받아들이기로 결심한 엘런은 미국의 양심을 대변하는 인물들이다. 그들은 시간의 흐름에 따라 인간성을 되찾고 더욱 성숙해가는 면모를 보여주는 동시에 합리적이고 이성적이며 근대화된 서양의 지성과 양심을 나타낸다. 그에 반해 동양은 전쟁과 가난에 휩싸여 악순환이 반복되며 서양으로부터 구제받아야 할 근대 이전의 사회로 묘사된다. 엔지니어는 생존을 위해 수단방법을 가리지 않는 기회주의자이고 뜌이는 자신의 목적을 위해서라면 어린아이마저 살해하려는 잔악한 공산당이다. 아시아에서 서양이 유일하게 가치 있다고 보는 것은 처녀였던 킴의 지고지순한 사랑과 그 사랑의 결실인 어린아이다.

〈미스 사이공〉은 20세기판 나비부인이다. 서양 문화사에서 〈나비부인〉은 100여 년 동안 소설, 단막극, 오페라, 뮤지컬, 영화 등 다양한 장르로 변형, 발전해오면서 동양 여성을 대표하는 하나의 문화적 상징이 되었다. 하나 둘 흩날리며 떨어지는 벚꽃 잎, 언덕 위의 집 창안, 단아하게 기모노를 차려입은 여인, 어린아이를 잠재우며 부르는 자장가, 이윽고 흘러나오는 푸치니의 불멸의 멜로디……. 1904년 밀라노의 라 스칼라La Scala에서 초연된 이래 약 한 세기 동안 오페라 〈나비부인〉은 전 세계 곳곳에서 상연되어왔고, 〈라 트라비아타〉, 〈카르멘〉과 더불어 가장 자주 공연되는 3대 오페라 중 하나가 되었다. 푸치니 음악의 아름다운 선율에 실린, 가슴이 에이도록 비극적인 한 동양 여성의 이야기는 인종과 국경을 초월한 로맨스라는 미명 아래 100여 년 동안 남성적인 서양, 여성적인 동양이란 도식마저 만들어냈다.

　제2차 세계대전 때 히로시마와 더불어 원자폭탄이 떨어진 곳으로 유명한 항구도시 나가사키에는 일본으로 귀화한 스코틀랜드인 토머스 글로버의 저택과 글로버 공원이 있고, 공원에는 푸치니 오페라 〈나비부인〉의 주역 소프라노 미우라 다마키가 극 중 차림새로 아이를 데리고 서 있는 동상이 있다. 우리나라보다 앞서 제국주의 열강에 문을 열었던 일본에서 개항과 함께 서양 문물을 제일 먼저 받아들인 곳이 바로 나가사키였다. 1860년대 후반 메이지시대 서양인들이 들어오자 일본 게이샤들은 이들을 상대로 영업을 하게 되었고, 매춘과 국제결혼으로 인해 새로운 사회 문제들이 생겨나게 된다. 이들과 결혼까지 했다가 남자가 혼자 본국으로 돌아가 버려 버림받는 게이샤도 더러 있었다. 그러나 본국으로 돌아간 서양 남자 때문에 자살을 시도하거나 자신의 아이를 미국으로 보내기 위해 스스로 목숨을 끊은 게이샤는 없었다. 한마디로 말해 〈나비부인〉 이야기는 서양 남성의 욕망이 투영된 판타지인 것이다.

　오페라 〈나비부인〉의 음악은 푸치니의 것이지만 이야기는 그의 창작물이 아니다. 나비부인식 이야기의 원형을 거슬러 올라가면 1887년 프랑스 소설 《국화부인》이 있다. 《국화부인》은 프랑스 해군장교이자 작가였던 피에르 로티Pierre Loti가 일본 나가사키에서의 몇 개월간의 주둔 경험을 바탕으로 쓴 기행소설이다. 오페라 〈나비부인〉의 열성 팬들 가운데에서도 〈나비부인〉의 원작이 프랑스 소설 《국화부인》이었다는 사실을 아는 사람은 많지 않다. 피에르 로티는 불문학사에서는 낭만주의 전통에서 중요한 영향을 끼친 19세기의 대표적인 작가로 평가받고 있지만 영미문화권에서는 그의 존재가 알려져 있지 않다.

# 프랑스에 불어닥친 일본 열풍, 피에르 로티

> "수년의 세월이 흘렀고 나는 남자가 되었다.
> 난 온세상을 거의 다 가봤고 마침내 내가 꿈에 그리던 그 섬을 보게 되었다."
> – 〈로티의 결혼〉 중에서

로티는 1850년 1월 14일 프랑스의 작은 도시 로슈포르Rochefort에서 몇 안 되는 프로테스탄트 가정에서 태어났다. 그의 정식 이름은 루이 마리 줄리앙 뷔오드Louie Marie Julien Viaud이다. 피에르 로티Pierre Loti에서 '로티'는 그가 타히티에 머물 때 연인이 지어준 별명으로 타히티의 꽃 이름이라고 한다. 어린 시절 로티는 이모, 할머니와 한 집에 살며 열두 살까지 가정 내 교육을 받았기 때문에 여성들의 영향을 많이 받았다.

어린 로티는 신체가 왜소해 다른 아이들이 자신을 괴롭힐지 모른다는 두려움에 학교 가방에 무언가 무기로 쓸 만한 것들을 넣고 다닐 정도로 심약한 아이였다. 고등학교를 고향에서 마친 로티는 파리로 가서 학교를 다니며 해군 아카데미 입학시험을 준비한다. 이 시기 그는 예술에 관심을 가지고 미술에 대단한 열정을 느끼기 시작했는데 평생 많은 스케치를 남겼고 자신의 일기를 어떤 날은 스케치로 대신하기도 했다. 그의 그림은 수준급의 실력을 보여주는데 특히 남성들의 근육질 몸에 관심이 있었던 것으로 보인다. 로티는 1876년 해군 아카데미를 졸업한 뒤 무려 43년을 해군 장교로 근무한다. 조세프 콘래드, 허먼 멜빌과 같은 작가들이 선원생활을 접고 글쓰기를 위해 바다를 떠났던 것과 달리 로티는 평생 20편이 넘는 소설과 기행문을 발표하면서도 오랜 기간 동안 해군으로 복무했다. 그가 해군을 지원한 이유는 당시의 많은 해군지원자들과 마찬가지로 집과 고향을 합법적으로 떠날 수 있기 때문이었다. 하지만 그에겐 더 절실한 개인적인 이유가 있었다.

사춘기 시절 로티의 삶에 가장 큰 영향을 주었던 인물은 형 구스타프 뷔오드였다. 구스타프는 훤칠하게 잘생긴 외모에 밝은 갈색머리를 한 낭만적인 외모의 해군장교로 펜싱, 글쓰기 등 못하는 게 없는 르네상스 맨이었다. 그는 주둔지였던 타히티에서 만난 원주민 여성과 사랑에 빠져 결혼까지 한 터였다. 가끔 프랑스에 와 있는 동안에도 형은 연인과 편지를 주고받았고 로티는 형의 이국적인 로맨스와 모험, 색다른 경험을 엿보며 형의 모든 것을 동경하고 있었다.

그러던 어느 해 구스타프는 행방불명이 된다. 배가 난파해 사망했을 가능성도 있고 영원히 잠적했을 가능성도 있다. 타히티에 심취해 있는 구스타프를 프랑스 정부가 다른 지역으로 발령을 내려 했었기 때문이다. 어쨌든 이후 로티의 가족들은 구스타프의 생사를 알 길이 없었다. 자기 삶의 롤 모델이었던 형의 행방불명은 로티에게 큰 상실감을 안겨주었다. 실의에 빠진 가족과 동경하던 형을 잃은 허전함을 달래기 위해서라도 로티는 형의 뒤를 따라야겠다고 마음먹는다.

　로티는 해군에 지원했고 주둔하게 되는 모든 곳에서 원주민 여성들과 관계를 맺었다. 1879년 그의 나이 29세 때, 로티는 터키에서의 로맨틱한 경험을 바탕으로 《아지야데Aziyade》를 출간하게 된다. 뒤이어 타히티와 폴리네시아 섬들을 항해한 경험을 바탕으로 《로티의 결혼Le Mariage de Loti》(1880)을 쓴다. 이 소설은 3년 뒤인 1883년 작곡가 레오 델리브Leo Delibes에 의해 오페라 〈라크메Lakmé〉로 탄생한다. 1885년 로티는 프랑스 해군장교로 일본의 나가사키 항구에 몇 개월 머물게 되었고 이전의 다른 나라에서와 마찬가지로 몇 달간의 무료함을 달래기 위해 게이샤를 산다. 그가 만난 17세의 기쿠산이 바로 국화부인('기쿠'가 '국화'란 뜻이다)이다. 로티는 몇 달간 그녀와의 동거와 일본에 관한 느낌, 경험들을 바탕으로 1887년 불어로 쓴 《국화부인Madame Chrysanthème》을 출간하게 되고 이 책 역시 전작들처럼 선풍적인 인기를 끌며 영어를 비롯해 일곱 개의 외국어로 번역 출판된다.

　19세기의 그 어떤 유럽 사람들보다도 더 많은 곳을 여행한 인물이 바로 로티였다. 해군 복무 기간 동안 타히티와 같은 환태평양 연안의 섬들, 일본, 한국, 중국과 같은 동남아시아, 터키, 세네갈, 알제리, 이집트와 같은 북아프리카와 중동, 인도를 포함한 서남아시아를 모두 가봤다. 한국에서는 하루 이틀밖에 머물지 않았는지 남대문 앞에서 찍은 사진이 유일한 기록이다. 타히티, 터키, 일본, 알제리 등 몇 개월간 머문 곳에서는 예외 없이 현지 여성과 단기계약을 맺고 동거했으며, 그 경험을 바탕으로 소설을 썼다. 절반은 사실에 바탕을 두고, 절반은 창작인 소설들을 출판했는데

피에르 로티(1892).

프랑스와 유럽의 독자들은 모두가 실제경험에 바탕을 둔 내용이라고 믿었
다. 로티는 19세기 낭만주의 문학전통에 기여한 바를 인정받아 프랑스 아
카데미로부터 여러 차례에 걸쳐 훈장을 받았을 뿐만 아니라 이후 1891년
부터 1923년까지 32년 동안 프랑스 아카데미 정식회원으로 위촉되기까지
한다. 이국적인 모든 것들을 직접 모으고 한동안 특정 이국문화에 심취하
면 마치 자신이 그 문화권의 인물인 양 이슬람 모스크 황제의 복장을 하
고 다니기도 하고 터키인의 복장을 하기도 했던 로티의 삶 그 자체가 한
편의 연극이었다고 해도 과언이 아니다. 지금은 피에르 로티 박물관으로
이용되고 있는 로슈포르의 저택 한 방은 동방의 이슬람 황제의 궁전보다

도 더 화려한 장식으로 꾸며져 있고 방 가운데에는 작은 분수와 커튼이 드리워진 관들이 놓여 있다. 또 다른 방은 중세의 연회장처럼 꾸며져 있고 자신의 침실은 유럽과 이슬람의 종교적 장식물들로 채워 지금도 이곳을 방문하는 관람객들의 경탄을 자아낸다.

1886년 36세의 로티는 가족들의 압박으로 꽤 부유한 집 딸이었던 블랑쉬 드 페리에르와 결혼한다. 이 결혼으로 인해 로티는 상당히 많은 재산을 얻게 되었으나 결혼 생활은 그다지 행복하지 않았다. 그는 대부분의 기간을 외국에서 보냈고, 1906년 로티의 아내는 결국 친정으로 돌아간다. 아내와의 사이에 두 아들이 있었지만 그를 기록한 전기 작가들은 로티가 동성애자였을 것이라고 확신한다. 아내 이외의 많은 여성들과 로맨스를 가졌지만 그것은 자신의 동성애를 숨기려는 강박적인 이성애 집착이었고, 해군 복무 당시 많은 남성 동료들과 동료 이상의 관계를 나눈 것으로 보인다. 로티 사후 그의 두 아들이 로티의 동성애 경험이 담긴 그의 일기장을 대부분 폐기함으로써 그 사실을 은폐하려 하였다. 그러나 그의 소설과 남은 일기장, 다른 기록들이 그의 동성애 경험을 꽤 설득력 있게 뒷받침하고 있다. 방문국마다 그가 그렇게 강박적으로 원주민 여성을 구해 단기계약을 맺고 그 경험을 바탕으로 로맨스 소설을 써낸 것은 이성애자로서 자신의 정체성을 공고히 하려는 전략이었다.

## 두 세계에 대한 이분법적 도식화

그가 처음 강렬한 동성애 경험을 한 것은 《아지아데》를 집필하기 직전 방문한 터키에서였다. 1876년 가을과 겨울, 그리스와 이스탄불에서 보낸 3개월 동안 27세의 로티는 18세의 할렘 소녀를 만난다. 로티는 동시에 자신의 가이드이자 하인으로 스페인 남성 사무엘을 고용했는데 로티를 가장 흥분시킨 것은 사무엘, 아지아데, 자신과의 삼각관계가 만들어내는 긴장감이었다. 이탈리아 번역판 《아지아데》의 서문을 쓴 롤랑 바르트와 로티의 전기 작가인 레슬리 블랑쉬, 리처드 버롱 모두 아지아데라는 터키 여성은 동성애를 감추기 위해 로티가 만들어낸 허구 인물일 뿐 실제로 로티는 사무엘에게 더 깊이 빠져 있었다고 분석한다. 뿐만 아니라 이스탄불에서는 무수히 여러 번 소년들, 낯선 남자들과의 만남이 있었던 것으로 보인다. 로티는 이 짜릿했던 터키에서의 경험을 바탕으로 자신의 이름을 감춘 채 1879년 첫 소설 《아지아데》를 출간한다. 1880년에는 타히티에서의 경험을 바탕으로 《로티의 결혼》을 익명으로 발표한다. 두 소설 모두 프랑스뿐만 아니라 전 유럽에서 엄청난 인기를 얻었고 1881년 세 번째 소설 《중동 기병의 로맨스》에서부터는 피에르 로티라는 필명으로 책을 내기 시작한다. 《아지아데》 이후 삼각구도는 모든 로티 소설의 공식이 되었다. 《국화부인》에서도 어떤 소녀를 선택해야 할지 몰라 망설이는 로티 대신 기쿠산을 먼저 지목한 사람은 로티의 동료 이브였다. 이후 이브는 로티와 늘 함께 다니고 심지어 세 사람이 한 방, 같은 모기장 안에서 잠을 자는 장면도 등장한다. 《국화부인》에서 로티는 기쿠산이 자신보다 이브를 더

터키 피에르 로티 박물관에 소장된 로티의 초상화.

좋아하는 것 같다고 질투 섞인 불만을 토로하는 대목도 나온다. 하지만 그가 기쿠산에게 별 관심이 없었던 데다 다른 아시아 남성들을 만날 기회도 없었기 때문인지 로맨스 소설로서의 《국화부인》은 상당히 무미건조하다.

　계속해서 해군으로 복무하길 희망했던 로티의 소망에도 불구하고 프랑스 정부는 1910년 로티에게 퇴임할 것을 명한다. 제1차 세계대전 이후 해군을 떠난 로티는 건강이 급격히 나빠지며 우울증을 앓는다. 이후 그는 몇 권의 회고록을 출판했지만 이 회고록의 상당 부분은 꾸며진 부분들이 많았고 자신의 아들 사무엘과 함께 자신이 열여섯 살부터 써오던 일기의 일부분을 수정하기도 한다. 삭제된 곳들은 대부분 자신의 동성애적 성향을 보여주는 내용들이었다. 로티의 소설들은 유럽의 여러 나라와 미국까지 다른 언어로 번역 출간되면서 그의 명성을 알렸을 뿐만 아니라 영국과 미국 방문시 빅토리아 여왕, 루즈벨트 미국 대통령의 영접을 받기도 했다. 1923년 사망할 때까지 로티는 무수히 많은 기행소설, 연애소설을 출판함으로써 19세기 그 어느 작가보다도 프랑스와 유럽 여러 나라에 아시아에 대한 이국적인 환상을 심어주었다. 그의 책들이 만들어낸 아시아의 이미지는 서양의 정치인과 문화계 인사들에게 많은 영향을 끼쳤다. 한 번도 다른 문화를 경험해보지 않은 유럽인들에게 동양문화를 간접적으로 경험케 하는 기회를 제공한 셈이다.

로티 소설의 특징은 이국적인 공간을 바탕으로 자신의 연애담에 이국 문화와 그 지역 사람들에 대한 자신의 관찰을 섞어 씀으로써 어디까지가 사실이고 어디부터가 꾸며낸 이야기인지를 알 수 없게 만든다. 소설의 주인공 역시 늘 자신인 피에르 로티이기에 당시 대부분의 유럽 독자들은 소설에 등장한 이야기나 연애 경험이 100퍼센트 진실이고 실제라고 믿었다. 그러나 로티가 같은 시기 작성했던 일기와 소설의 기초 자료로 쓴 기행문, 소설을 비교 분석해보면 소설에서의 로맨스는 대부분 주인공인 로티를 낭만적인 주인공으로 미화하고 있다.

# 동서양의 로맨스를 노래하다

## 〈라크메 Lakmé〉

"아찔할 정도의 독특한 향이 공기 중에 가득했고,
타히트의 마법에 걸린 듯 이국적인 풍관에 압도되어
난 거의 의식을 잃고 있었다."
– 〈로티의 결혼〉중에서

 

동양을 배경으로 한 프랑스 최초의 오페라 원작자도 바로 로티다. 그가 타히티를 배경으로 쓴 소설 《로티의 결혼》을 바탕으로 만들어진 오페라가 바로 〈라크메〉이기 때문이다. 다만 그 배경만 인도로 바뀌었다. 오페라 비평가들에 의해 레오 델리브의 마지막이자 최고의 걸작으로 꼽히는 작품으로 라크메가 장터에서 부르는 'Bell Song'은 소프라노 조수미 씨가 유럽 무대에 데뷔할 때 불렀던 노래로 여전히 그녀의 인기 레퍼토리다. 영국에서의 동양을 배경으로 한 공연이 주로 〈미카도〉와 그 아류작들인 희극적 뮤지컬이었다면 같은 시기 바다 건너 프랑스, 이탈리아와 같은 유럽 대륙에서는 비극적 색조의 동양 오페라가 더 인기가 있었다. 〈라크메〉의 영향이 컸는데, 서양 남성과 동양 여성의 비극적 로맨스를 다룬 최초의 유럽 오페라라고 할 수 있다. 1883년 당시 영국이 인도를 통치하던 중이었고, 일본 전시회가 파리 시민들을 매료시키던 때였으므로 〈라크메〉는 대단한 관심 속에 막을 올렸다.

라크메는 브라만 승려인 니라칸타의 외동딸이다. 니라칸타는 종교 활동을 탄압하는 영국인들을 피해 딸과 함께 숲속에 은거하며 영국의 멸망을 기원한다. 니라칸타가 설교를 위해 마을에 간 사이, 영국장교 제럴드는 라크메를 발견하고 둘은 사랑을 나눈다. 성스러운 자기만의 성전과 자신의 딸을 범한 범인을 찾기 위해 장터로 나간 니라칸타는, 범인을 유인하기 위해 딸로 하여금 노래를 부르게 하고, 노랫소리를 듣고 나타난 제럴드를 검으로 찌른다. 이미 사랑에 빠져버린 라크메는 제럴드를 숲속의 오두막으로 달아나도록 도운 뒤 그녀만 알고 있는 약초의 비방으로 그를 치료한다. 둘은 영원한 사랑의 서약을 나누고, 둘만의 결혼의식을 위해 라크메가 성수를 뜨러 간다. 그러나 그 사이 영국장교인 프레더릭이 제럴드를 발견하고, 군대로 돌아갈 것을 권유한다. 영국이 자신을 필요로 한다는 생각과 사랑 사이에서 갈등하는 제럴드. 그의 고뇌를 덜어주기 위해 라크메는 독이 든 약초를 깨물어 자결한다. 자신을 안은 제럴드에게 라크메는 그로 인하여 최상의 행복을 경험했노라 말하며 죽어가고, 뒤늦게 달려 들어온 아버지는 딸의 영혼이 영생할 것을 기원하며 비탄에 빠진다.

깊은 숲속의 성전과도 같이 아버지의 보호를 받던 라크메의 몸과 마음은 인도가 영국에 침공당했듯, 숲을 지나던 영국장교 제럴드에 의해 너무 쉽게 무너진다. 인도판 〈호동왕자와 낙랑공주〉인 〈라크메〉에서 라크메는 원수인 영국인과 사랑에 빠진다. 그러나 서양무대는 서양인과 동양인의 행복한 결합을 용납하지 않기에 타인종 간의 로맨스는 결국 비극으로 끝

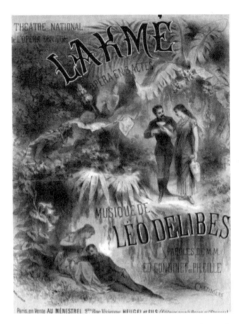

〈라크메〉 공연 포스터.

맺는다. 이것은 19세기 낭만주의 오페라의 공식과도 같다. 베르디의 〈라 트라비아타〉, 〈리골레토〉, 〈아이다〉, 푸치니의 〈라보엠〉, 〈토스카〉에서 인 종이 다르고 계급이 다르고 집안이 다른 남녀의 사랑은 결국 이뤄지지 못 한 채 여자의 죽음으로 끝을 맺는다.

대다수의 오페라와 뮤지컬이 그렇듯 사랑하는 남녀가 최대한 비극적으 로 보일 수 있게 〈라크메〉 역시 남녀 주인공이 속한 서로 다른 두 세계를 이분법적으로 도식화하고 문화적 차이를 강조한다. 오페라는 영국과 인 도를 철저한 이분법에 의해 탄압하는 자와 탄압받는 자로 형상화하고 이런 단순한 이분법은 등장인물을 일차원적이고 도식적으로 만든다. 인도인은 승려조차도 복수심에 불타 서슴지 않고 살생을 저지르는 자로 등장하고, 영국인은 성전이든 남의 나라이든 여성의 몸이든 침략을 일삼는 제국주의의 선봉으로 묘사된다. 오페라 〈라크메〉는 1883년 4월 파리 공연을 시작으로, 같은 해 시카고의 그랜드 오페라 하우스에서 미국 공연의 막을 올린 뒤 1884년과 1885년에는 메트로폴리탄 오페라 하우스에서 〈라크메〉특유의 몽환적인 이국정서로 관객들을 사로잡았다. 오페라 평론가들은 "인도의 밀림을 형상화한 무대부터가 이국정서를 만끽하기에 충분했다." 고 적었다.

오페라 〈라크메〉는 에드몽 곤디네Edmond Gondinet와 필리페 질Philippe Gille이 《로티의 결혼》을 번안한 것이다. 소설 《로티의 결혼》에 등장하는 타히티는 온갖 제도와 사회적인 규율, 계몽주의와 이성으로 대표되는 유럽과는 대조적으로 어떤 욕망이든 모두 실현될 수 있는 낙원으로 그려진다. 로티가 동거하는 타히티의 소녀 라라후는 문명의 혜택과는 거리가 먼 원시인으로 로티의 애정을 최고의 가치로 여긴다. 그녀는 로티가 섬을 떠나자 매춘에 몸을 던지고 결국 폐렴으로 죽어가는 인물로 묘사되고 있다.

대부분의 로티 소설이 드러내는 공통점 중의 하나는 남자 주인공 로티가 떠난 뒤 상대 여성이 타락의 길을 걷거나 삶의 의미를 잃고 자결하는 것으로 막을 내린다는 것이다. 물론 실제 있었던 일과는 거리가 먼, 로티 혼자서 꿈꿔본 희망 사항일 뿐이다. 하지만 그의 소설들이 언제나 자신의 이름을 남자 주인공으로 내세우고, 더군다나 실제 다른 나라에서의 경험을 바탕으로 한 자전적인 내용이라고 밝혀왔기 때문에 그의 소설을 읽는 독자들은 어디까지가 허구이고 어디까지가 사실인지 가려낼 도리가 없었다. 로티가 묘사하고 있는 동양 여성과 동양 문화는 거의 걸러지지 않은 채 독자들에게 사실로 받아들여졌던 것이다. 예를 들어 소설 《로티의 결혼》에서 작가인 로티는 타히티의 실존했던 여왕인 포마레와 그녀의 궁정 모습을 자세히 묘사할 뿐만 아니라 타히티의 언어, 관습, 문화에 대해서도 비교적 소상히 적고 있다. 이 책을 읽는 독자들은 자연스레 책에 묘사된 모든 사실들이 실제 자전적인 경험과 관찰에 바탕을 둔 것이라 믿게 되고 그러한 믿음은 소설마다 등장하는 로티의 로맨스에도 그대로 적용된다. 피에르 로티 소설에 등장하는 여성 등장인물들만을 연구해온 아이린 스지리오워즈Irene Szyliowicz가 지적한 대로 로티의 로맨스는 사실적인 지리적 묘사와 어우러져 결과적으로 라라후를 포함한 모든 타히티 여성들과의 관계도 백퍼센트 사실인 것으로 받아들여졌다는 것이다.

하지만 학자들이 로티의 일기와 소설을 비교해본 결과 소설에서는 스스로를 미화하거나 여성들을 훨씬 원시적이고 미개한 존재로 묘사하는 경향이 있다고 한다. 라라후를 포함한 현지의 원주민 여성을 묘사할 때 로티는 많은 단락을 그녀들의 머리끝부터 발끝까지 외양을 묘사하는 데 주력한다. 여성들의 몸과 그 몸을 감싸고 있는 이국적인 의상에 대해서는 상세하게 기록하지만 그들의 생각과 느낌까지 이해하려는 노력은 거의 없다. 라라후가 로디에게 무슨 생각을 하고 있냐고 묻자, 로티는 "많은 것들…… 너는 이해 못하는 많은 것들."이라고 대답한다. 소설에서든 일기에 묘사된 실제에서든 로티는 현지의 언어를 배울 생각도 없었고 그녀들과 의사소통의 필요성도 느끼지 못한다. 소통은 오히려 자신이 추구

하는 이국적 판타지를 방해하는 요소일 뿐 로티가 원한 것은 진정한 이해
나 사랑이 아니었기 때문이다.

# 〈나비부인〉의 오리진

## 《국화부인》

> "커다란 허리끈이 달린 화려한 기모노를 벗어버린 일본 여자의 몸은
> 아무것도 아닌 하잘것없는 존재다.
> 다리는 휘었고, 평평한 가슴은 보잘것없는 황인종에 지나지 않는다."
> — 피에르 로티, 〈국화부인〉 중에서

로티는 6개월 동안 일본에서 지냈던 경험을 바탕으로, 나비부인 탄생의 근원이 되는 소설 《국화부인》을 출간한다. 《국화부인》은 아시아를 배경으로 한 동서양 남녀 간 최초의 로맨스 소설이다. 일본의 항구도시 나가사키가 가까워 오자 배 위의 로티는 "노란 피부와 고양이 눈, 검은 머리칼을 가진, 인형만 한 동양 여자"와 결혼하겠다는 결심으로 부푼 모습이다. 현지 여성과의 관계를 낯선 나라를 알아가는 필수 관문으로 삼는 로티는 닻을 내린 바로 다음날 빗속을 뚫고 가 중매쟁이를 만난다.

릭쇼 운전자에게 보여줄 목적지가 적힌 쪽지까지 미리 준비했던 로티는 마침내 게이샤들이 있는 찻집에 도착한다. 며칠 기다려 보라는 중매쟁이를 다그쳐, 바로 그날 그 자리에서 계약을 맺을 게이샤를 정하고 싶다고 조른다. 그러나 정작 한 아가씨를 고르라는 중매쟁이의 말에 누구를

로티의 동료 이브, 기쿠산, 로티(1885).

고를지 몰라 망설인다. 어떤 외모를 가진 일본 여성이 진정 자신이 원하는 사람인지에 대해서는 별 다른 확신도 관심도 없는 듯하다. 같이 간 동료 이브가 저 여자는 어떠냐며 넌지시 시선으로 가리키는 한 소녀를 보고 로티는 이브의 의견에 따라 기쿠산을 지목한다. 열일곱 살의 기쿠산은 정식으로 훈련받은 게이샤가 아니라 친구를 따라온 게이샤 수련생이었고 성인도 아니었지만 로티는 개의치 않는다. 게이샤를 산다는 상황 자체에 의미를 둔 로티로서는 기쿠산에게 로맨틱한 감정이나 성적 흥분조차 느끼지 못하는 듯하다. 오히려 자신의 친한 동료이자 친구인 이브가 기쿠산과 더 가까워지는 것은 아닌지, 실제로 기쿠산이 자신보다 이브를 더 마음에 두고 있는 것은 아닌지 궁금해한다. 그렇다고 로티가 기쿠산을 진정으로 좋아하기 때문에 질투를 느끼는 것은 아니다. 그저 터키에서 아지아데, 사무엘과의 강렬한 삼각관계를 경험한 이래 로티는 의도적으로 긴장관계가 형성될 만한 삼각구도를 즐기는 습관이 생겼기 때문이다.

## 하잘것없는 존재들

국화부인은 아시아를 배경으로 한 그의 다른 소설들과 마찬가지로 동양 여성에 대한 언어폭력과 비하가 많은 작품이다. 집 안에 작은 신토神道 제단을 만들어두고 절을 하는 기쿠산을 보며 로티는 생각한다.

저렇게 작은 머리로 도대체 어떤 생각을 할 수 있을까? 말이 통하지 않으니 알 수가 있나…… 하지만 저 애가 뭔가 생각할 수 있는 확률은 천분의 일이야…… 비록 생각을 한다 한들, 내가 신경 쓸 이유가 없지…… 나 자신을 즐기기 위해 저 애를 골랐으니 다른 일본 애들처럼 아무 생각도 없으면 좋겠군.

자아도취에 빠진 로티는 자신은 외국어에 능통하고, 모든 낯선 문화에 쉽게 적응하는 능력을 가졌으며, 원하는 모든 여성을 매료시킬 수 있는 매력적인 주인공이라 믿는다. 그에 반해, 로티가 형상화하고 있는 동양 여성은 어린애처럼 유치하고, 원시적이며, 지적인 사고능력이 모자라는 인물들로 묘사된다. "원숭이나 개와 거의 다르지 않은" 모두 똑같은 얼굴과 생각을 가진 존재들이다. 기쿠산의 내면에 대한 무관심으로 인해 로티는 소녀가장 기쿠산의 실존적 고뇌에는 관심이 없다. 어린 나이에 가족을 위해 한 달에 20달러라는 돈을 위해 팔려와 있는 기쿠산의 처지에는 일말의 동정심도 보이지 않는다. 오히려 자신을 맹목적으로 사랑하지 않는 것 같은, 동료 이브를 더 좋아하는 것으로 보이는 기쿠산 때문에 자존심이 상한 로티는 어느 여름 밤 늦게 외출에서 돌아와 모기장 아래서 잠든 기쿠산을 내려다보며 "커다란 허리끈이 달린 화려한 기모노를 벗어버린 일본 여자의 몸은 아무것도 아닌 하잘것없는 존재다. 다리는 휘었고, 평평한 가슴은 보잘것없는 황인종에 지나지 않는다."라고 내뱉는다.

기쿠산에 대한 로티의 멸시는 아시아 인종, 문화, 종교 전반에 대한 멸시의 일부분에 지나지 않는다. "황인종들의 행동은 어리석고 기괴함의 극에 이를 뿐만 아니라, 그들의 관습도 이상하다."라고 쓴 대목에는 아시아인 전체에 대한 혐오와 폄하가 드러나 있다. 불상에 예를 올리는 기쿠산을 보며 로티는 생각한다.

> 미신 섞인 오래된 관습에, 중국 상인들이 인도에서 중세에 들여온 개념이 뒤죽박죽된 잡동사니 신학이 저 어리석은 '기쿠산의' 머리에 들어갔으니 도대체, 신이며 죽음 등등에 관해서 무슨 개념이나 있겠나.

오늘날 우리가 아는 〈나비부인〉의 비극적인 결말과 달리 《국화부인》의 결말은 어찌 보면 대단히 희극적이다. 나가사키를 떠나는 날, 언덕 위의 집에 들른 로티는 창문 안으로 몰래 방 안을 들여다본다. 헤어지는 아픔에 상심해 있을 기쿠산의 모습을 보고 희열을 느껴볼 양이었다. 그런데 뜻밖의 광경을 보고 로티는 당황한다. 기쿠산이 슬픔에 잠겨 있기는커녕 로티가 지불한 금화가 진짜인지 아닌지 확인해보기 위해 망치로 두드려보고 있는 것이 아닌가. 자신과 기쿠산의 관계가 순전히 금전적인 계약 관계였음을 상기시켜주는 그 모습을 보고 로티는 심한 모욕감을 느낀다. "이 결혼 역시 내가 계획했던 대로 장난으로 끝나길 바랄 뿐이야."라고 되뇌며 로티는 이 실망스런 계약결혼에 아무런 의미도 미련도 두지 않으려는 듯 기쿠산이 이별의 정표로 건네주었던 화환을 바다 위에 던져버린다.

그 뒤 그는 이어지는 모든 소설에서 동아시아인의 몽골리언적 특징을 자신이 가장 싫어하는 모습이라며 노골적으로 아시아인을 비하한다. 어린 기쿠산마저도 분명히 파악하고 있던 계약결혼의 본질을 낭만적 판타지로 포장하고 싶었던 로티는 자존심에 상처를 입어 기쿠산을 포함한 모든 아시아 여성에 대한 자신의 애정결핍을 정당화한 것이다.

파리 오페라 하우스와 영국 코벤트가든의 극장 감독으로 활동한 프랑스 작곡가 겸 연출가인 앙드레 메사제Andre Messager(1853~1929)는 확고한 독자층을 구축한 로티의《국화부인》을 '프롤로그-4막-에필로그'로 구성된 바그너식의 장중한 오페라로 만든다. 파리의 테아트르 리리크Theatre Lyrique에서 1893년 1월에 초연되었던 오페라 〈국화부인〉은 무려 27년 만인 1920년 1월, 시카고 오디토리엄 극장에서 미국에서의 첫 막을 올리기도 했다. 이 오페라에 대한 기록이 자세히 남아 있지 않은 것으로 보아 파리 공연, 미국 공연 모두 성공적이진 않았던 것으로 추정되는데, 오페라 역사가인 헨리 에드워드 크레비엘Henry Edward Krehbiel은 오페라 자체가 지나치게 원작에 충실해서 일본을 사실적으로 묘사했기 때문에 서양인들 마음에 큰 감흥을 주지 못했기 때문이라고 분석한다. 그 대표적인 예로 크레비엘은 오페라의 주인공이 되기에는 기쿠산이 지나치게 고집이 세고 낭만적이지 못했음을 암시한다. 크레비엘의 분석이 맞기라도 한 듯, 몇 년 뒤 비극적인 여주인공을 내세운 단막극 〈나비부인〉은 서양 연극사에 길이 남게 된다.

## 전 유럽을 사로잡다

1898년 1월 미국의 〈센추리 잡지The Century Magazine〉에 일본을 배경으로 한 단편소설 〈나비부인〉이 실린다. 작가는 필라델피아에서 법률가로 활동하고 있던 존 루터 롱John Luther Long이었다. 그 자신은 한 번도 일본에 가본 적이 없었지만 자신의 누이인 어윈 코렐Irwin Corell이 감리교 선교사인 남편을 따라 일본에서 살고 있었기에 그녀의 편지와 얘기를 통해 롱은 일본에 대해 전해들은 이야기가 많았다. 외국인들과 계약결혼을 하는 게이샤들의 이야기도 누이를 통해 들었거나 일본문화에 대해 연구해 알게 된 것으로 보인다. 역사가들은 일본에 관심이 많았던 롱이 이미 1887년경 영어로 번역되어 미국에도 소개된 피에르 로티의 소설 《국화부인》을 알고 있었음에 틀림없다고 추측한다. 다만 자기 자신을 늘 감상주의자이고 페미니스트라고 생각했던 롱은 여주인공에게 좀 더 동정 어린 시선을 보내는 일본을 배경으로 한 새로운 이야기를 쓰고 싶었다. 그의 성격이나 단편소설 〈나비부인〉의 내용을 감안할 때 롱이 〈나비부인〉을 쓴 의도는 《국화부인》

을 쓴 로티와는 사뭇 달라 보이는 게 사실이다. 가장 큰 차이는 물론《국화부인》에서 프랑스 해군 장교였던 남자 주인공이 〈나비부인〉에서는 미국의 중령인 벤저민 프랭클린 핀커튼으로 바뀐 것이다.

롱의 〈나비부인〉이 누이의 영향보다도 로티의《국화부인》의 영향을 더 많이 받았을 것으로 추정되는 이유는 크게 두 가지다. 첫째는 남자 주인공인 핀커튼이 로티처럼 이기적이고 시니컬한 인물로 묘사되어 있는 점, 둘째는 등장인물들의 유사성 때문이다.《국화부인》에서 로티의 친구로 등장하는 이브 대신 〈나비부인〉에서는 핀커튼의 친구인 영사 샤플리스가 등장하고《국화부인》의 중매쟁이 캥거루 대신 〈나비부인〉에는 고로가 등장한다. 이 등장인물의 구성은 푸치니의 오페라 〈나비부인〉, 뮤지컬 〈미스 사이공〉에도 그대로 이어지며 "나비부인식" 이야기 구조에서 빼놓을 수 없는 중요한 기능을 수행한다. 성격 면에서는 핀커튼 역시 로티 못지 않게 이기적이고 자기중심적이며 잔혹하기까지 한 면모를 보인다. 핀커튼은 결혼식에 모인 초초산의 친척 중 한 명을 보고 "당신은 내 책상 위에 걸어둔 가면 얼굴하고 똑같이 생겼네요."라고 말하고, 게이샤와의 계약 결혼은 자신이 일본을 떠나면 자연히 없던 일이 될 거라고 생각하면서도 겉으로는 진심인 척함으로써 결과적으로 초초산의 상처를 더 크게 만드는 행태도 로티와 유사한 이기적 행동이다. 게다가 초초산의 간곡한 부탁에도 불구하고 초초산의 일가친척들이 집에 오는 것을 금하고 초초산으로 하여금 기독교를 따르게 함으로써 결국 초초산이 친척들로부터 완전한 배척을 당하게 만든다. 어찌 보면 롱은 남자 주인공을 생각 없고 경솔한 인물로 설정함으로써 여주인공의 고립과 외로움을 더 강조하려고 했던 것인지도 모른다. 초초산을 완전한 성인으로 취급하지 않는 것은 서양 남성뿐만 아니라 그의 미국인 아내도 마찬가지다. 아들레이드(나중에 공연에서는 케이트로 이름이 바뀐다)는 나가사키의 미국영사관에서 초초산과 우연히 마주치자 "어쩜 이리 사랑스러울까…… 내게 키스해주겠니, 요 귀여운 장난감pretty plaything!"이라며 초초산을 어른 취급하지 않는다. 초초산은 모욕감을 느끼기는커녕, 아들레이드에게 "당신은 태양의 여신Sun-Goddess 같아요."라며 경외심을 보인다.

내용면에서 《국화부인》과 〈나비부인〉의 또 하나의 공통점은 결말이다. 롱의 원작소설에서 초초산의 순진무구한 맹목적 사랑이 그녀로 하여금 자살을 시도하는 극단적 선택을 하게는 하지만 오늘날 우리가 아는 오페라와 달리 그녀는 죽지 않는다. 롱의 소설에서 초초산의 자살시도는 아주 미약하게 암시만 될 뿐 그녀가 실제로 죽었다는 언급 없이 언덕 위의 오두막은 이제 텅 비게 되었다고 묘사하며 끝을 맺는다. 오히려 "일본인들이 죽는 법을 가르쳐주었다면 핀커튼이야말로 사는 법, 특히 행복하게 사는 법을 가르쳐주었"음을 초초산은 믿게 되었다고 적음으로써 자살시도는 실패로 돌아가고 초초산은 삶을 이어가기로 했음을 강하게 암시한다.

롱의 단편소설은 발표되자마자 미국 내에서 엄청난 반향을 일으켰고, 너도 나도 판권을 사겠다고 나섰다. 롱은 당대 브로드웨이 최고의 공연기획자이자 연출가인 데이비드 벨라스코David Belasco에게 판권을 넘기고 둘은 합작으로 단막극 〈나비부인〉을 탄생시킨다. 벨라스코는 무대의 시각적, 청각적, 후각적 리얼리즘에 강박적으로 집착하는 연출가로 잘 알려져 있었다. 레스토랑 장면에서는 관객이 스프 냄새를 맡을 수 있어야 하고, 푸줏간 장면에서는 생고기 냄새를 맡을 수 있어야 한다고 믿었다. 그런 연출가가 만들어낸 〈나비부인〉이었기에 평론가들은 진짜 같은 벚꽃나무, 실감 나는 새소리, 그냥 달이 아닌 "일본적인" 달과 불빛으로 관객들을 매료시켰다며 벨라스코의 단막극을 높이 평했다. 특히 획기적이었던 것은 나비부인의 기다림을 강조하기 위해 무대 위에서 초초산이 핀커튼과의 재회를 기다리며 날을 밝히는 대목으로 실제로 13분가량의 긴 시간을 아무런 움직임이나 대사도 없이 조명만으로 저녁부터 밤, 새벽, 여명, 노을까지를 표현해낸 장면이었다. 초초산의 기다림을 관객들 역시 긴장 속에 숨죽이고 지켜보았다. 관객들에게도 색다른 경험이었던 이 실험적인 장면에 대해 평론가들은 일찍이 없었던 과감한 시도이자 대단한 연극성을 보여준 대목이었다고 극찬했다.

〈나비부인〉 연극의 막이 열리면 핀커튼이 초초산을 위해 세를 낸 언덕 위의 작은 집이 보인다. 집 안의 모든 장식은 일본식이지만 상징적이게도 문과 창문에 걸린 열쇠는 미국식이고 방 가운데 놓인 재떨이에는 미국 성조기가 꽂혀 있다. 핀커튼은 연극의 첫 장면에 잠깐 등장하고 사라진 뒤 마지막 장면까지 무대에 존재하지 않음에도 불구하고 핀커튼의 존재감을 드러내는 미국적인 물건들이 온통 집 안을 차지하고 있다. 핀커튼에 대한 초초산의 맹목적인 추종과 사랑은 낭만적이고 진정성 있게 보이기보다는 과도함으로 인해 오히려 초초산의 어리석음과 무지를 강조하는 듯하다. 심지어 초초산은 자신의 집에서는 영어만 써야 한다며 정확하지 않은 일본식 영어로 아기에게 미국 자장가를 불러준다. "Rog-a-by, bebby, off in Japan, You jus'a picture off of a fan." "Suzuki, how many time I tellin'you? on one shall speak anythin'but those United States language in these Lef-ten-ant Pik-ker-ton's house?" 자신에게 구혼하러 온 야마도리의 청혼도 매몰차게 거절하고 심지어 계속 핀커튼을 잊으라고 권하는 몸종 스즈키와 중매쟁이에게 또 한 번 남편을 모욕하는 말을 하면 죽여 버리겠다고 협박한다. 단막극 〈나비부인〉에서 초초산은 결코 사랑에 빠진 낭만적인 여성이 아니다. 그녀는 마치 '핀커튼교'의 광신도처럼 맹목적이고 강박적일 뿐이다.

## 문화적 오해가 빚은 비극

〈나비부인〉은 비극적 사랑에 관한 이야기라기보다는 문화적 오해가 낳은 비극이라고 볼 수 있다. 게다가 작품 전반에 걸쳐 '돈'에 관한 대사가 정말 자주 등장한다. 핀커튼이 떠난 이후 초초산과 스즈키가 나누는 대사의 대부분은 돈에 관한 것이다. 그도 그럴 것이 이 두 여성과 초초산의 아이는 핀커튼이 남기고 간 돈으로 지금껏 생존해왔다. 스즈키는 초초산에게 생활비가 이제 겨우 2달러밖에 안 남았다고 말하고 초초산은 남편의 소중한 돈을 그렇게 다 써버렸다니 수치스러운 일이라며 한탄한다. 한편 중매쟁이 나코도(오페라에서는 고로로 바뀐다)는 어떻게든 초초산을 야마도리와 성사시켜 거액의 중매비를 받아내려 애쓴다. 자신이 핀커튼에게 초초산을 소개시켜주고 받았던 중매비보다 더 큰 금액을 기대하면서 말이다. 핀커튼이 일본을 떠난 이후 초초산이 아이를 낳아 기르고 있음을 알게 된 핀커튼의 친구인 샤플리스 영사는 초초산에게 돈을 보내주고 초초산은 핀커튼의 아내 케이트를 만나자 아기를 미국에 데려가 달라고 애원하며 소매에서 돈 상자를 꺼내어 케이트에게 돌려준다. "이 남은 2달러는 그가 준 거지만…… 이제 더 이상 필요가 없다."라고 말하며. 그리고 샤플리스가 주었던 돈마저 케이트에게 건네준다. 이 극 전체를 통해서 일본인들과 미국인들 사이에 돈을 주고받는 장면들이 여러 번 등장하는데 이는 〈나비부인〉 이야기가 두 나라 사이, 또는 두 나라를 상징하는 인물들 간의 불균등한 역학관계를 드러내는 하나의 상징으로 작용하기 때문이다.

벨라스코는 롱의 소설을 단막극으로 무대에 올리며 결말을 바꾼다. 작품의 대중적인 성공과 비극성을 높이기 위해 여주인공 초초산이 아버지의 장검으로 목을 찔러 자결하고 무대에서 죽어가는 것으로 바꾼 것이다. 거의 "태양신"처럼 숭배했던 핀커튼이 미국에서 다른 여성과 결혼했다는 사실을 알게 된 초초산은 그의 아내 케이트를 보자 "태양의 여신"보다 더 아름답다며 자신이 더 이상 핀커튼이나 아이에게 필요한 존재가 아니라고 믿고 아버지의 장검을 집어 든다. 병풍 뒤로 돌아가 "명예로운 죽음이 불명예스런 삶보다 낫다To die with honor, when one can no longer live with honor."고 새겨진 검으로 목을 벤 뒤, 초초산은 피가 흘러넘치는 상처를 하얀 스카프로 동여맨 채 걸어 나와 아이를 끌어안는다. 곧 붉은 피는 하얀 스카프를 붉게 물들인다. 무대 위에 쓰러지는 초초산을 뒤늦게 핀커튼이 달려 들어와 끌어안고 오열하며 막이 내린다. 단막극 〈나비부인〉의 결말은 비극적이기보다는 지나치게 어둡고 충격적이어서 관객들은 한동안 말을 잃고 어둠 속에 앉아 있었다고 전해진다.

1900년 3월 5일 뉴욕의 헤럴드 스퀘어 극장에서 초연된 〈나비부인〉은

데이비드 벨라스코 연출 〈나비부인〉의 마지막 장면.

평론가들의 극찬을 받았다. 눈이 펼쳐진 배경, 일본식 정원 장면, 후지산에 잔설이 남은 풍광이나 달빛 아래 고기잡이배가 떠 있는 장면들은 벨라스코의 어느 무대들보다도 더 시적이고 이국적이라는 찬사를 받았다. 〈나비부인〉에서 초초산 역을 맡았던 블랑시 베이츠Blanche Bates는 자신이 이 일본 여성 역할을 맡기에는 체격이 크고 어깨가 넓다고 판단했다. 그녀는 작품 포스터 사진부터, 공연 기간 내내 늘 어깨를 안쪽으로 모으고 시선은 정면을 직시하지 않은 채 땅 밑을 보며 종종걸음을 함으로써 "순종적이고 연약한 동양 여성"의 이미지를 구현하려고 애썼다. 뉴욕에서 〈나비부인〉이 장기공연에 돌입하자 벨라스코는 유럽 순회공연 팀을 따로 구성하기로 결심한다. 처음부터 자신의 전속 여배우 블랑시 베이츠를 위한 작품을 구상하다가 〈나비부인〉을 읽고 '바로 이거야'라고 생각했던 벨라스코였지만, 스타성 있는 여배우를 캐스팅해야 성공한다는 판단에 런던공연에서는 당시 영국에서 가장 인기 있었던 영국 여배우를 기용한다. 유럽 순회공연단은 독일, 벨기에를 포함한 유럽 전역에서 대단한 관심과 인기 속에 공연되었다. 특히 런던에서의 장기공연은 오페라 작곡가 푸치니와의 운명적인 만남으로 이어진다.

# 〈나비부인〉과 푸치니의
# 운명적 만남

"스즈키, 몇 번을 말해야 알겠어.
이 집안에서는 미국말 아니면 쓰지 말라고 했잖아."
― 벨라스코의 단막극 〈나비부인〉 중 나비부인의 대사

　벨라스코 연출의 단막극 〈나비부인〉이 런던에서 공연되고 있을 때, 때
마침 푸치니는 〈토스카〉(1900) 이후 다음 오페라의 소재를 찾아 유럽 여
기저기를 여행하고 있었다. 그가 런던을 방문 중일 때 〈나비부인〉을 먼저
본 지인이 푸치니에게 막 미국에서 건너온 〈나비부인〉을 권했고, 영어라
고는 "Okay" 한 마디밖에 몰랐다는 푸치니는 〈나비부인〉 공연을 보러 간
다. 대사는 전혀 이해할 수 없었지만 〈나비부인〉의 비장한 결말과 애잔한
느낌이 오페라의 소재로 적합하다는 사실을 푸치니는 본능적으로 느낀
다. 흥행감각이 탁월했던 푸치니는 이미 연극으로 성공을 거둔 작품을 오
페라로 만드는 것이 인기를 보장한다고 믿었다. 벨라스코의 회고록에 의
하면 영국에서의 순회공연이 끝나자마자 푸치니가 무대 뒤로 찾아와 눈
물을 글썽이며 단막극 〈나비부인〉의 판권을 자신에게 넘겨줄 것을 부탁했

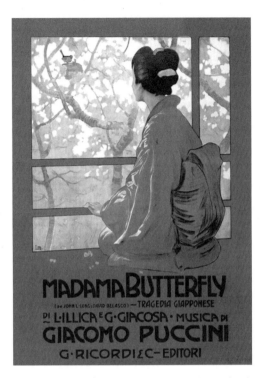

다고 한다. 그게 사실이었는지의 여부는 알 수 없지만 판권에 대해 푸치니가 직접 벨라스코에게 의사를 타진한 것은 틀림없었던 것으로 보인다. 미국에 돌아가 좀 더 생각해본 뒤 확답을 주겠다고 한 벨라스코의 편지를 기다리는 동안 푸치니는 자신과 늘 협업해온 대본가 루이지 일리카와 작사가 주세페 지아코사에게 〈나비부인〉의 원작에 해당하는 피에르 로티의 《국화부인》을 찾아서 읽고 대본의 기초 작업을 시작할 것을 부탁한다.

# '무법천지'의 파라다이스

1904년 밀라노에서 초연된 푸치니의 오페라 〈나비부인〉은 엄청난 실패였다. 관객들의 야유는 노골적이었고 첫 공연 이후 바로 공연을 접을 수밖에 없었다. 초연 때는 2막 1장과 2장 사이에 구분이 없었는데, 관객은 2막이 너무 길어 상당히 지루해했다. 긴 침묵 장면에서조차 관객들은 참을성 없이 웅성대며 떠들어 벨라스코 공연에서와 같은 극적효과를 기대할 수 없었다.

〈마농레스코〉, 〈라보엠〉, 〈토스카〉의 연이은 성공으로 이미 대단한 명성을 얻은 푸치니는 절대로 작품을 고치려 들지 않았지만, 주변 친구들의 간곡한 설득으로 결국 2막을 둘로 나눴고 길이를 줄였다고 한다. 또 하나의 문제는 핀커튼이 초초산을 전혀 사랑하지도 않으면서 이용만 하는 양키처럼 보인다는 점이었다. 대본가와 작사가가 로티의 《국화부인》을 먼저 읽었던 탓에 《국화부인》 속 로티와 기쿠산의 서먹한 관계가 초연된 오페라에도 그대로 투영되었던 게 문제였다. 푸치니는 핀커튼에게 두 개 정도의 새 아리아를 부르게 함으로써 나름의 고뇌가 있는 남자주인공으로 거듭나게 한다. 또 하나, 벨라스코의 연극에서는 여자아이였던 '트러블'의 성별을 남자아이로 바꾸었다. 가부장적인 이탈리아에서도 남자아이가 더 데려갈 가치가 있는 아이로 여겨지기 때문이었다. 결국 같은 해 브레시아에서 다시 공연된 〈나비부인〉은 초연과 달리 놀라운 인기를 얻었다. 이후 〈나비부인〉은 그 누구도 아닌 '푸치니의 나비부인'이 되었으며 불멸의 오페라가 되었다.

1막은 나가사키 항구가 내려다보이는 언덕 위의 일본식 집에서 시작된다. 미국 해군 장교 핀커튼은 아버지가 할복자살하고 집안이 몰락해 게이샤가 된 열다섯 살의 초초산('나비'라는 뜻의 게이샤 예명)과 일본식 전통 혼례를 치른다. 핀커튼 쪽에서는 장난에 불과했지만, 핀커튼을 진심으로 사랑하게 된 초초산은 이 결혼에 모든 것을 걸고 기독교로 개종까지 하게 된다. 나가사키에 주재하는 미국 영사 샤플리스는 그녀의 진심을 느끼고 걱정하며 핀커튼에게 신중하라고 충고하지만, 핀커튼은 그 충고를 가볍게 넘긴다. "온 세상을 누비는 우리 양키는 온갖 위험도 아랑곳 않고 이윤과 쾌락을 쟁취하지. 어디든지 맘 내키는 대로 닻을 내리고……." 물론 그는 미국으로 돌아가면 당연히 미국 여성과 새로 결혼하겠다고 마음먹고 있다. 그에게 초초산과의 결혼은 일본 주둔 동안 잠깐의 무료함을 달래기 위함이자 일단 일본 땅을 떠나면 초초산에게 아무런 책임도 질 필요가 없게 되는 일본식 혼인의 관례를 따르는 것이라 핀커튼은 이 계약결혼에 대해 그다지 큰 의미를 두지 않는다. 혼례식 중에 초초산의 숙부가 나타나 초초산의 개종을 꾸짖으며 난동을 부리자 친척들은 다 식장을 떠나버리고, 괴로워하는 초초산을 달래며 핀커튼은 첫날밤을 맞이하는 사랑의 이중창을 부른다. 이 장면에서의 핀커튼은 초초산을 진정 사랑하는 모습이다. 그래서인지 오페라에서 음악적으로 가장 아름다운 부분이면서, 동시에 뒤에 올 비극을 암시하는 장면이기도 하다.

1막과 2막 사이에는 3년이 넘는 세월이 놓여 있다. 미국으로 떠난 지 3년 동안 아무런 연락이 없는 핀커튼을 초초산은 하염없이 기다린다. 하녀 스즈키가 "본국으로 돌아간 외국인 남편이 돌아왔다는 말은 들어본 적이 없다"며 단념을 권하지만, 초초산은 불같이 화를 낸다. 다시는 남편을 모욕하는 말은 하지도 말라며 핀커튼이 반드시 돌아올 것이라는 굳은 믿음을 담은 〈어느 개인 날〉을 부른다. 푸치니 오페라 전체를 관통해서 가장 잘 알려지고 가장 서정적이며 애잔한 아리아가 바로 이 곡이다. 이 곡 하나만으로도 후대에 이름을 남기는 작곡가가 되기에 충분할 만큼 푸치니 음악성의 최고봉을 보여주는 아리아다. 다시 오페라 내용으로 돌아가면 핀커튼은 미국에서 이미 케이트라는 미국 여성과 결혼해 살고 있다. 그 사실을 알려주려고 샤플리스 영사는 핀커튼의 편지를 들고 찾아오지만, 초초산이 핀커튼의 아이까지 낳아 키우고 있다는 사실을 알아채고는 차마 진실을 이야기하지 못한다. 한편 일본인 중매쟁이 고로는 부자인 야마도리를 초초산의 집에 데려오지만, 초초산은 기혼여성에게 감히 청혼을 하다니 무례하다며 야마도리의 구애를 거절한다. 그리고 아장아장 걷는 핀커튼의 아들을 영사에게 보여주며 꼭 핀커튼에게 이 사실을 알려달라고 부탁한다.

영사가 돌아간 뒤 예포 소리가 들리고 핀커튼이 탄 군함이 항구에 닻을 내린다. 종달새가 세 번 둥지를 틀면, 즉 봄이 세 차례 지나가면, 돌아오겠다는 약속을 핀커튼이 지켰다며 감격에 겨운 초초산은 온 집 안을 화사한 꽃으로 꾸며놓고 밤새 남편을 기다린다. 스즈키와 아이는 지쳐 잠이 들고 초초산 혼자 꼿꼿이 앉아 아침을 맞는 가운데 유명한 '허밍 코러스'가 들려온다. 무대는 조명만으로 밤부터 새벽, 아침까지의 시간 변화를 표현하며 초초산의 애절한 기다림을 강조한다. 이 기법은 단막극 〈나비부인〉에서 데이비드 벨라스코가 연출한 13분의 기다림 장면을 차용한 것이다.

새벽이 밝아온 뒤에야 초초산은 잠시 방 안으로 들어가 눈을 붙이는

데 그 사이 핀커튼과 케이트, 영사가 나타나 스즈키에게 아이를 데려가겠다고 한다. 핀커튼은 온 집 안에 가득한 꽃들을 보고는 양심에 가책을 느껴 숨어버리고, 케이트는 초초산 앞에 나타나 아들을 친자식처럼 잘 키우겠다고 약속한다. 초초산은 30분 후에 핀커튼이 직접 아이를 데리러 와야 한다고 말하고, 다들 떠난 사이에 아이에게 마지막 작별을 고한다. 그러고는 병풍 뒤로 가서 "명예롭지 못한 삶보다는 차라리 명예로운 죽음을"이라고 쓰여 있는 아버지의 칼로 스스로 목을 벤다. 병풍 밖으로 비틀거리며 걸어 나온 초초산에게 핀커튼이 달려 들어와 〈버터플라이〉를 외쳐 부르는 가운데 초초산은 그의 품에 안겨 죽음을 맞이한다.

동아시아를 배경으로 한 이 비극적 사랑 이야기의 이국성과 비장미를 높이기 위해 푸치니는 몇 가지 음악적 실험도 감행했다. 푸치니는 〈나비부인〉에서 부분적으로 동양의 5음계를 사용하고 미국 및 일본의 국가와 민요를 인용해 넣어 이국적인 분위기를 만들어낸다. 그러나 푸치니 시대의 작곡가들이 이해하는 '음악적 이국풍'은 이후 20, 21세기 현대작곡가들이 관심을 갖는 '비서구세계 음악'과는 거리가 있었다. 전자가 '단순한 호기심'이나 '타자를 바라보는 시선'이었다면 후자는 '공동체 의식'에 기초하고 있는 태도이기 때문이다. 이국풍에 대한 흥미와 호기심에서 출발한 푸치니의 〈나비부인〉은 서양인들로 하여금 일본이라는 나라를 아시아 전체로 확대해서 바라보게 하는 오류도 만들어냈다. 그런데도 이탈리아적 감성에 충만한 푸치니의 선율과 섬세하고 시적인 대본은 동서양을 막론하고 관객에게서 매번 감동의 눈물을 이끌어낸다. "극적 충격이 큰 작품이 아니면 처음부터 내 오페라의 소재로 택하지 않는다."고 푸치니 스스로 공언하기도 했지만, 〈나비부인〉은 특히 연극적인 재미가 큰 작품이다. 연출의도에 따라 다양한 자결 장면을 볼 수 있는데, 붉은 천이나 조명을 사용해 온 무대를 핏빛으로 채우는 방식이 가장 흔하다. 최근에는 일본의 인형극 '분라쿠' 형식을 차용한 메트로폴리탄 무대가 화제를 불러일으키 기도 했다.

〈나비부인〉뿐만 아니라 동양을 배경으로 한 19세기말 서양의 소설, 희곡, 단막극, 오페레타들은 대부분 비극으로 끝나는 동서양 인종 간의 사랑이라는 멜로드라마 형태를 취하고 있다. 그런 이야기 구조 속에서 아시아는 언제나, 사랑이라는 종교의 순교자처럼 서양의 연인을 사랑하고 그를 위해 희생하는, "지나치리만큼 여성적인" 인물로 대표된다. 아시아는 서양인들의 성性적 욕망과 몽환적인 판타지를 충족시켜줄 무법천지의 파라다이스, 모더니티가 휩쓸고 지나가지 않은 원시의 땅이다. 아시아 여성의 몸은 아시아 문화권 전체를 상징하는 하나의 상징물로, 남성적인 서양이 원하기만 하면 언제든 차지할 수 있는 영토와도 같다. 서양 남성에 의해 뚫리고 밟히지만 그녀는 그 사랑에 모든 것을 건다. 이 정도면 사랑 정도가 아니라 백인 남성을 신으로 모시는 사랑교의 순교자가 되는 셈이다.

1915년 무성영화 〈나비부인〉은 시드니 올콧이 감독을 맡아 당대 최고의 인기 여배우였던 메리 픽포드를 초초산 역에 캐스팅했다. 채플린 영화에도 여러 번 등장했던 메리 픽포드는 지나치게 "오리엔탈"의 이미지를 강요하는 감독의 요구를 거절하고 자신이 유지해온 귀엽고 청순한 "미국 연인"의 이미지를 고수하고 싶어 했다. 감독과 픽포드의 갈등은 급기야 감독이 촬영을 거부하는 사태로까지 이어졌지만 픽포드의 입지가 워낙 막강해 감독의 빈자리를 픽포드가 대신해 촬영을 마쳤다고 전해진다. 영화 속 일본인들은 모두 미국의 백인 배우들이 연기하고 있는데 과장되게 큰 코를 부친 모습들, 나가사키의 길거리 장면에서 인력거와 물지게 등을 지고 다니는 사람들, 행인들의 모습을 눈여겨볼 필요가 있다. 미국에서 촬영되었지만 1910년대 당시 미국인들이 상상하던 일본을 형상화한 장면이기 때문에 지금 봐도 흥미롭다.

  1932년 〈나비부인〉에서는 초초산을 연기한 실비아 시드니보다 핀커튼을 맡은 케리 그란트의 인기 때문에 화제가 되었다. 케리 그란트는 영국 출신의 미남배우로 훗날 히치콕 감독의 〈북북서로 진로를 돌려라North by Northwest〉(1959), 로맨스영화 〈어페어 투 리멤버An Affair to Remember〉(1957)와 같은 대표작으로 고전 할리우드 영화 당시 1940~60년대 전성기를 누린 배우였다. 케리 그란트의 인기에 힘입어 1932년판 〈나비부인〉은 1937년 60분짜리 라디오쇼로 제작되기도 한다. 1920~50년대 사이에 제작된 할리우드에서의 모든 〈나비부인〉 영화는 데이비드 벨라스코와 존 루터 롱의 희곡을 원작으로 하고 있다. 1949년까지 파라마운트가 원작에 대한 판권을 가지고 있었으나 1958년 유니버설 영화사가 〈나비부인〉의 텔레비전 배급권을 가지면서 현재는 유니버설영화사가 〈나비부인〉 시나리오에 대한 모든 소유권을 행사하고 있다.


## 할리우드의 수많은 나비들

  1915년 시드니 올콧이 감독을 맡고 메리 픽포드가 초초산을 연기한 무성영화 〈나비부인〉은 여러 가지 면에서 이후 백년간 할리우드에서 재현될 동양 여성의 이미지를 상징적으로 보여주는 작품이었다. 1910년대 당시 메리 픽포드는 무성영화시대 엄청난 인기를 누린 여배우로 유독 유색인 여주인공 역을 많이 맡아 미국 대중의 연인 이미지를 굳히고 있었다. 실제로 미국 내에서의 그녀의 별명은 'America's sweetheart'였는데, 외국에 나가면 'International sweetheart'로 불렸다고 한다. 픽포드는 보통의 미국 여성들보다 키가 작은 여배우였기 때문에(154센티미터) 많은 영화평론가들은 그녀가 연기한 초초산의 이미지가 정말 일본 여성이 연기하듯 자연스럽게 느껴졌다고 평했다. 메리 픽포드는 그 작고 보이시한 외모 때문에 30대가 넘은 나이까지 다수의 무성영화에서 사춘기 이전의 청순한 소녀 역을 많이 맡으면서 할리우드 무성영화시대 가장 돈을 많이 번 여배우였다. 그런 그녀의 밝고 씩씩한 이미지를 고려할 때 나비부인의 초초산 역할은 다소 생소한 시도임에 틀림없었다. 그러나 픽포드는 그녀의 장기대로 청순하고 어린아이 같은 초초산을 연기했고 그녀의 그런 이미지는 이후 20세기 동안 수많은 오페라와 영화에 등장하는 아시아 여성이 지녀야 할 미덕으로 순수함과 처녀성을 강조하는 일종의 패턴을 만들었다고 볼 수 있다.

　존 루터 롱의 단편소설을 기반으로 만들어진 이 1915년판 무성영화는 다른 버전의 '나비부인' 이야기에 비하면 훨씬 더 공감이 가는 가슴 아픈 사랑 이야기다. 우선 결혼 브로커를 통해 두 주인공이 만나게 되는 다른 나비부인 이야기와 달리 이 무성영화에서 브로커를 만나러 가던 길이었던 해군 장교 핀커튼은 초초산이 탄 릭쇼와 부딪히게 된다. 핀커튼이 초초초산에게 사과를 하면서 다친 데는 없는지를 살피는 가운데 둘은 서로에게 호감을 갖게 된다. 그 둘의 만남을 우연으로 설정함으로써 핀커튼은 다른 〈나비부인〉 텍스트에 비해 덜 무책임한 남자로 등장한다. 둘은 짧고 강렬한 사랑을 나누는데 롱의 원작에 충실하게 이 영화에서도 비극은 두 사람 사이의 상대 문화에 대한 오해에서 비롯된다.

사무라이 문화가 지배적이었던 근대 시기 일본은 전통적으로 로맨스와는 별개로 남성이 성적인 목적으로 여성과 일시적인 계약관계를 취하는 것을 도덕적으로 문제시하지 않는 사회 분위기였다. 그러한 성적 자유는 일본에 잠깐 머무는 서양 남자들에게는 거부할 수 없는 유혹이었다. 반대로 일본인들이 생각하기에 서양은 기독교 문화가 지배적이고 기독교 문화에서의 결혼은 신 앞에 영원을 기약하는 성스러운 맹세이기에 함부로 깰 수 없는 것이라 생각한다. 초초산과 핀커튼은 각기 상대가 속한 문화권의 의미대로 두 사람의 결혼을 해석하는 오류를 범한 것이다. 이러한 문화적 오해 때문에 초초산은 핀커튼이 떠난 이후에도 강박적으로 핀커튼의 국가인 미국의 국기를 집 안에 꽂고 미국의 언어만을 사용할 것을 고집하며 기독교로 개종까지 선언함으로써 불교신자인 친척들의 분노와 저주까지 사는 신세가 된다. 집안에서조차 버림받고 경제적으로 온전히 독립할 수도 없는 아이 같은 여성인 초초산이 기댈 수 있는 곳이라곤 핀커튼밖에 없다. 그리고 그 사랑은 상호적이고 낭만적이기보다는 비이성적인 집착과 무조건적인 의지일 수밖에 없다. 어찌 보면 〈나비부인〉의 기다림은 흔히 알려진 것처럼 아름답고 지고지순한 사랑에서 촉발된 것이 아니라 버림받기를 두려워한 한 어린 여성의 맹목적인 믿음과 강박을 보여주는, 흥미로운 정신분석학적 텍스트인지도 모른다.

1922년 〈바다의 비극The Toll of the Sea〉은 중국판 나비부인 이야기로 할리우드 최초의 아시아계 미국 여배우인 안나 메이 웡Anna May Wong이 주연으로 등장한 영화다. 역사상 할리우드에서 제작된 여덟 번째 컬러영화로 영화사적 가치도 큰 작품이기에 현재는 UCLA 영화과 텔레비전 자료보관실에 오리지널 35mm 영화필름이 보관되어 있다.

젊은 중국아가씨 연화Lotus Flower는 어느 날 해변에서 파도에 떠밀려온 의식을 잃은 한 남자를 발견하고 사람들의 도움을 받아 그를 구해준다. 그 사나이는 바로 중국을 방문 중인 미국인 앨런 카버. 곧 둘은 사랑에 빠지고 앨런은 미국에 돌아갈 때 연화를 데려가겠다고 약속한다. 그러나 앨런의 동료들은 중국 여성을 미국에 데려가는 건 좋은 생각이 아니라며 말리고 결국 그는 혼자서 미국으로 돌아간다. 몇 년의 세월이 흐른 뒤, 두 남녀가 다시 만났을 때, 연화는 앨런의 어린 아들을 키우고 있고, 앨런은 혼자가 아니라 미국에서 결혼한 아내와 함께였다. 아이의 장래를 위한다면 아이가 아버지와 함께 미국에서 자라는 게 나을 거라는 설득에 연화는 마지못해 앨런 부부에게 아이를 넘겨주고 아이는 미국으로 떠난다. 혼자 남겨진 연화는 망연자실한 심정으로 바다로 걸어 들어가 스스로 목숨을 끊는다. 'FINISH'라는 자막과 함께 이 53분짜리 흑백 무성영화는 끝이 난다.

우리가 잘 아는 〈사운드 오브 뮤직〉의 거장 오스카 헤머스타인 2세는 1949년 뮤지컬 〈남태평양South Pacific〉에서 비극적인 동서양의 로맨스를 다룬다. 아름답고 신비로운 주제곡 〈발리 하이〉로 유명한 이 작품은 영화로도 많이 소개되었다. 젊은 미군 병사가 폴리네시안 원주민 십대 소녀와

〈바다의 비극〉의 여주인공 안나 메이 웡(1922).

결혼을 약속하지만 특수 임무를 부여받고 작전에 나가 사망함으로써 둘의 결합은 이루어지지 않는다. 발리 섬은 서양인들에게 사랑의 열병을 앓게 만드는 마력을 가진 원시의 땅으로 묘사된다. 반면 이 섬에 온 미국인들인 군인, 간호장교, 교목 모두 비문명의 세계를 구원하기 위해 나선 선교사와도 같은 존재들이다. 〈남태평양〉에 뒤이어 오스카 헤머스타인 2세의 또 하나의 야심작인 〈왕과 나The King and I〉라는 작품은 서양 여성과 동양 남성 간의 이야기라는 점에서 흥미롭지만 야만적인 아시아 문명에 구원자로 온 서양인이라는 이야기의 얼개는 같다.

# 할리우드,
# 게이샤를 예찬하다

"게이샤 이야기는 서양 남성 관객에게 궁극적인 성적 판타지를 제공한다.
도덕적 잣대로부터 상대적으로 자유로운 이국적인 공간에서 만난 유색인종 여성이
자신만을 위해 최고의 파트너가 되어준다는 얘기 아닌가." — 본문 중에서

　1930년대 초반 경제대공황이 휩쓴 미국에서는 현실도피주의적인 영화
들이 인기를 끌었다. 할리우드가 스펙터클한 갱영화, 서부영화, 로맨틱
코미디와 같은 장르영화를 앞세워 '꿈의 공장'으로 거듭난 시기가 바로
1930년대다. 자연히 잔잔하고 애잔한 〈나비부인〉식 영화나 비극적 로맨
스에 대한 열기는 식는다. 그러나 제2차 세계대전이 끝나면서 상황이 달
라진다. 미국이 괌을 비롯한 환태평양 연안의 섬에서 일본과 전쟁을 벌이
고 유럽과 아시아 곳곳에서 전쟁에 참여하면서 미군들이 원주민 여성들
과 갖는 이루어질 수 없는 사랑이 할리우드에 다시 등장하기 시작한 것이
다. 게다가 미국이나 서양에는 없는 게이샤 전통에 대한 호기심이 결합되
어 1950년대 할리우드 영화에 게이샤들이 대거 돌아오기 시작한다.

　그중 몇 개만 언급해도 〈게이샤A Geisha〉(1953), 〈만월당Teahouse of the August

Moon〉(1956), 〈사요나라Sayonara〉(1957), 〈양코배기와 게이샤The Barbarian and the Geisha〉(1958), 〈진홍색 기모노The Crimson Kimono〉(1959), 〈타미코라는 소녀A Girl Named Tamiko〉(1960), 〈행복에 겨워Cry for Happy〉(1961), 〈나의 게이샤My Geisha〉(1962) 등이 있다.

게이샤 이야기는 서양 남성 관객에게 궁극적인 성적 판타지를 제공한다. 도덕적 잣대로부터 상대적으로 자유로운 이국적인 공간에서 만난 유색인종 여성이 자신만을 위해 최고의 파트너가 되어준다는 얘기 아닌가. 게다가 춤, 노래에 재능이 있는 여자가 시각적 즐거움과 감각적 유희까지 제공한다. 마음만은 순수한 미덕의 소유자여서 백인 남성은 그녀와 사랑에 빠지지만 서구의 결혼 관념이 요구하는 책임이나 지속적인 부양의 의무도 없다. 제2차 세계대전 직후 미국에서 유행한 게이샤 영화들은 국제관계 질서에 대한 하나의 상징으로도 읽힐 수 있다. 일본의 전통을 상징하는 게이샤가 미군으로 대표되는 백인 남성의 시중을 들고 사랑에 빠지는 줄거리를 통해 전 세계 슈퍼 파워로 등극하기 시작한 미국이 자신들의 이데올로기 하에 일본을 완전히 항복시키고 '길들인' 모습과 다름 아니다. 미군의 입에 음식을 넣어주고 마사지를 해주는 게이샤의 모습에서 전후 미일관계의 평화로운 화해와 공존, 그러나 평등하지는 않은 서구 중심의 평화를 읽어낼 수 있다. 흥미로운 연구에 의하면 2차 대전 직후 일본에서는 게이샤 전통이 급격히 쇠락하면서 문을 닫거나 폐업하는 여관과 찻집이 많아졌다고 한다. 그도 그럴 것이 전후 재건에 몰두해야 하는 일본의 입장에서는 흥청망청 여가를 즐길 여력이 없었다. 반면 미국이 일본에 주둔하던 기간인 1945~52년 직후 할리우드에서 제작된 영화 속 일본사회를 보면 게이샤 전통이 일상화되어 있고 일본의 주류문화인 듯 착각이 일 정도로 게이샤가 아시아 문화를 대표하고 있다.

## 1962년 〈나의 게이샤My Geisha〉

전후 게이샤 영화 가운데 가장 흥미로운 작품이 〈나의 게이샤〉다. 여주 인공 루시 델을 셜리 매클레인이 연기한다. 매클레인은 주로 코믹한 영화 에 자주 등장했던 씩씩한 이미지의 여배우로 우리나라에서는 〈애정의 조 건〉, 〈마담 소사츠카〉, 〈밸런타인데이〉, 〈그녀는 요술쟁이〉와 같은 영화 로 인기를 끌었다. 아카데미상 시상식에서 "저는 이 상을 받을 자격이 있 습니다."라는 연설로 우레와 같은 박수를 받았던 배짱 있는 여배우이기도 하다.

〈나의 게이샤〉에서 여배우인 루시는 영화감독인 남편 폴(이브 몽탕)이 〈나비부인〉 촬영차 일본에 가게 되자 여러 가지로 걱정이 많다. 폴은 아 내 루시의 상대역을 많이 했던 배우 밥을 핀커튼 역에 캐스팅해 그를 데 려갈 생각이지만 루시와 같이 갈 계획은 없다. 루시는 초초산 역에 맞는 여배우가 아니라는 생각에서다. 그러자 루시는 남편과 밥 몰래 일본에 가 기로 결심한다. 다른 비행기로 일본에 도착한 루시는 찻집에 게이샤와 함 께 있는 남편과 밥을 발견하고 게이샤 분장을 한 뒤 자신의 이름이 요코 모리라며 남편과 밥 앞에 나타난다. 폴은 찻집의 게이샤 가운데 한 명을 초초산으로 캐스팅할 생각이었는데 요코가 바로 그 게이샤로 뽑힌다. 문 제는 남편인 폴과 상대배우 밥 둘 다 요코와 사랑에 빠졌다는 사실! 그러나 영화편집 과정에서 폴은 네거티브 필름에 드러난 요코의 얼굴을 보고 아내 루시임을 알아챈다. 하지만 아내의 자존심을 다치게 하고 싶지 않아 폴은 루시를 계속 요코로 대한다. 루시 역시 자신의 속임수가 남편의 사랑과 자존심을 시험했던 것임을 깨닫고 방향을 바꿔 최선을 다해 초초산을 연기함으로써 남편이 오스카상을 받을 수 있게 해야겠다고 결심한다. 여배우로서의 자신의 경력을 희생하는 대신 결혼과 남편을 선택하기로 한 것이다. 루시는 결국 끝까지 자신이 루시임을 드러내지 않음으로써 모든 영광을 남편에게 돌리고 영화는 해피엔딩을 맞는다.

〈나의 게이샤〉는 영화 속 영화로 〈나비부인〉을 활용해 자존심 강한 백인 여배우 루시를 남편을 위해 헌신하고 희생하는 초초산으로 변화시키는 일종의 말괄량이 길들이기식 또는 피그말리온 신화적 영화다. 피그말리온 신화는 오비드의 《변신이야기》에 등장하는 이야기로 모든 여성을 혐오하던 키프로스의 왕이 정작 자신이 상아로 직접 깎아 만든 조각상과 사랑에 빠지자 이를 가엽게 여긴 비너스 여신의 도움으로 조각상이 살아 있는 여인으로 변신해 결혼했다는 얘기다. 폴은 잘나가는 코미디 영화 감독이고 여배우 루시의 남편이지만 심각한 고전영화를 만들어보고 싶은 꿈이 있다. 폴이 이미 오래된 고전인 〈나비부인〉을 영화로 만들고 싶어 하는 것도 어쩌면 상대 여자에게서 절대적인 사랑을 받는 핀커튼이 되고 싶은 욕망 때문일지도 모른다. 그런 그에게 최고의 스타이자 여배우인 루시는 부담스런 존재일 수 있다.

〈나의 게이샤〉의 핵심은 1인 2역을 하는 셜리 매클레인을 보는 즐거움이다. 1962년 영화치고는 뛰어난 수준의 메이크업과 가발, 기모노로 완벽하게 일본여자로 변신한 매클레인은 정말 게이샤 요코 모리로 보인다. 어찌 보면 이 영화는 좋은 아내, 완벽한 나비부인이 된다는 것은 외모의 문제가 아니라 "퍼포먼스"와 "자세"의 문제라고 말하는 듯하다. 그리고 진정한 여성의 행복이야말로 개인적인 성공이 아니라 자신을 드러내지 않는 희생을 통해 얻는 남편의 성공과 사랑이라고 말한다. 흥미로운 것은 이 영화의 제작자 스티브 파커가 바로 셜리 매클레인의 남편이었다는 사실. 매클레인과 파커는 1954년부터 1982년까지 무려 28년간 결혼을 유지했는데 그 오랜 기간 동안 파커는 일본에 살았고 매클레인은 할리우드에 살면서 일 년에 한두 번씩만 만났다. 물론 이 영화를 촬영하는 기간은 꽤 오래 함께 머물렀던 셈이다. (둘 사이에 자식은 한 명이 있고 셜리 매클레인은 영화배우 워런비티의 세 살 위 누나이기도 하다.) 일본에 사는 남편의 게이샤 예찬 영화에서 게이샤를 연기한 셜리 매클레인이 이 영화를 찍으면서 어떤 마음이었을지 궁금하다.

1. 미국의 영화학자이자 홍콩대학 비교문학과 교수인 지나 마르체티Gina Marchetti는 《로맨스와 '옐로우 페릴' : 할리우드 서사에 나타난 인종, 성, 사변전략Romance and the "Yellow Peril" : Race, Sex, and Discursive Strategies in Hollywood Fiction》(U. of California P, 1993) 에서 나비부인식 이야기야말로 할리우드의 타인종간 로맨스에서 가장 압도적으로 많은 수를 차지한다고 지적한다(p.78).

2. 피에르 로티의 특이하고 극적인 삶에 관심이 있는 독자라면 레슬리 블랑쉬 Lesley Blanch가 쓴 로티의 삶에 관한 책 《피에르 로티 : 그 전설적 낭만주의자Pierre Loti : the Legendary Romantic》(Harcourt Brace Jovanovich, 1983)를 읽어보길 권한다. 로티의 탄생부터 유약했던 어린 시절, 프랑스 해군이자 완벽한 르네상스 맨이었던 형의 실종, 형의 뒤를 따라 해군장교가 된 로티, 수많은 나라에서 원주민 여성들과 동거했던 로티, 그의 결혼, 남성 파트너들과의 관계, 그가 남긴 자취 등에 관해 많은 자료를 얻을 수 있다. 선상에서 로티가 근육질의 남성 동료들을 스케치한 그림을 포함해 로티의 삶에 영향을 끼친 중요한 사진자료들이 포함되어 있다.

로티의 동양 여성들과의 편력에 관한 비판적인 분석에 대해서는 아이린 스지리오윅즈Irene L. Szyliowicz의 《피에르 로티와 동양여성Pierre Loti and the Oriental Woman》 (St. Martin's P, 1988)을 보면 좋다. 로티의 수많은 여성편력이 궁극적으로는 자기중심적 탐닉에 입각한 것이자 당시 유럽사회에서 금기시되었던 동성애자로서의 성 정체성을 위장하려는 목적이었음을 밝히는 데에 도움이 되는 비평서이다. 로티가 쓴 로맨스 소설의 배경이 터키, 일본, 타히티, 인디아, 미얀마, 시리아, 알제리 등 가는 곳마다 다르고 로티는 그 지역의 언어를 몰라도 소설 속 로티는 늘 완벽한 낭만적 이성애 로맨스의 주인공으로 묘사된다는 사실을 알 수 있다. 그의 로맨스 소설의 주제가 '로티' 자신으로 시작해 자신으로 끝난다 해도 과언이 아닐 만큼 로티 소설의 궁극적인 주제는 자기애이고 '동양'의 원주민 여성들은 이국에서의 환상적 성적 경험을 수집하는 로티에게 마치 기념품과도 같은 대상화된 존재들이었음을 알 수 있게 된다.

—— 3. 오페라 〈라크메〉

이 오페라의 공연사와 관객수용에 대한 자료는 헨리 크레비엘Henry E. Krenhbiel
이 쓴 《오페라에 관한 두 번째 책A Second Book of Operas》(New York : The Macmillan
Company, 1917)을 참조.


—— 4. 로티가 프랑스어로 쓴 《Le Mariage de Loti》의 영어판본으로는 엘리노어 프
리어슨Eleanor Frierson이 번역한 《The Marriage of Loti》(Honolulu : The University
Press of Hawaii, 1976)를 참고했다.


—— 5. 1935년 12월 24일 〈Jiji-Scingo〉라는 저널에 출간된 논문에 따르면, 단편소설
나비부인의 저자 존 루터 롱은 〈나비부인〉을 번역했던 유명한 일본통역사 타
마키 미우라Tamaki Miura에게 실제 초초산의 자살은 실패로 돌아갔다고 전했다고
한다. 논문에 따르면 그녀는 아이와 함께 살았으며 그 딸의 이름이 바로 츠루
야마무라Tsuru Yamamura이고 1851년 1월 1일 오사카에서 태어나 1899년 3월 23일
도쿄에서 사망했다고 한다. 안타깝게도 〈Jiji-Scingo〉라는 저널을 찾을 수 없어
정확한 논문저자와 논문에 관한 정보를 적지는 못하지만 〈나비부인〉 공연사를
다룬 책에 이런 사실이 언급되어 있다.

# 위험한 여자,
# 드래건 레이디

안나 메이 웡부터 루시 리우까지

4

초기 할리우드 영화에서, 심지어 21세기인 오늘날까지도 서양 영화나 소설에서 아시아계 여성이 자주 매춘부로 등장하는 데에는 이런 초기 이민역사의 현실이 있었기 때문이다. 그렇다면 아시아 여성의 매춘부 이미지는 역사적 사실에 근거한 것이니 문제가 없는 것일까? 그렇지 않다. 역사적 현실은 비정상적으로 어긋났던 성비, 유색인종 남성과 백인 여성의 성적 접촉을 용납하지 않았던 사회적 억압과 법령, 특정한 인종집단이나 매춘부락을 커뮤니티의 희생양으로 삼았던 미디어의 선정적인 보도가 결합되어 만들어진 일시적 현상이었다.

# 할리우드가 그려낸
# 20세기 아시아 여인들

"왜 영화에 나오는 중국인은 항상 악당이죠?"— 안나 메이 웡

아시아계 여배우로서는 최초로 할리우드에 데뷔한 안나 메이 웡Anna May Wong이 '드래건 레이디' 이미지의 시초다. 드래건 레이디란 남성을 유혹해 곤경에 빠뜨리는 위험한 동양 여성을 뜻한다. 상대 남성을 유혹해 위험에 빠뜨린다는 점에서는 팜므 파탈과 비슷한데 그녀가 이용하는 기술들이 다분히 동양적이라는 점에서 드래건 레이디라고 부른다. 드래건이 중국을 상징하듯 초창기 할리우드와 미국 대중문화 속 중국 여성들이 대부분 드래건 레이디의 효시라고 할 수 있다. 드래건 레이디의 전형적 타입의 밑바닥에는 동아시아 여성의 이국적인 외모에 대한 거부감이 숨어있다. 기이하고 신기해서 불편하지만 그 이국적인 특징 때문에 동시에 끌리기도 하는 양가적인 감정이 숨어 있는 것이다. 일본 여성들이 유럽의 게이샤 걸, 나비부인 이미지를 주도했다면 미국에서의 드래건 레이디 이

위험한 여자, 드래건 레이디

미지는 중국 여성들이 지배했다. 게이샤 걸, 나비부인의 이미지는 동양 여성의 순진함, 처녀성, 유아적 이미지를 강조한다. 반면 드래건 레이디는 강렬하고 퇴폐적, 도발적 이미지다. 미스터리의 여인이 음모를 꾸며 언젠가는 주인공 남성의 뒤통수를 칠 것 같은 위험스런 이미지다. 드래건 레이디는 능력 있고 독립적이란 점에서 긍정적인 측면도 있다. 그러나 그들의 영향력은 늘 음지에서 보이지 않게 작용한다. 또 그녀들의 능력은 주로 성적인 영역에 한정된 경우가 많다. 노련하고 경험은 많지만 가까이 해서는 안 될 위험스러운 독거미, 창녀의 이미지다.

## 위험스러운 독거미, 안나 메이 웡

안나 메이 웡은 최초의 아시아계 여배우로 오늘날 남아 있는 동양 여성의 이미지는 다 연기해본 배우다. 나비부인, 드래건 레이디, 소녀, 매춘부 역할 등 그녀의 연기 경력 자체가 동양 여성의 재현사라고 해도 과언이 아니다. 그런 까닭에 최근 미국 내 아시안 아메리칸 필름 페스티벌에서 그녀에 대한 재조명이 이루어지고 있는 추세다. 웡은 로스앤젤레스 차이나타운에서 중국계 이민자 부모 밑에서 태어났다.

어린 시절부터 LA 근교에서 영화촬영을 즐겨 보던 소녀는 배우로 데뷔한 지 얼마 안 되어 무성영화 〈바다의 비극〉(1922)의 주연을 맡는다. 그녀 나이 17세 때였다. 중국판 나비부인 이야기인 이 영화에서 웡은 물에 빠진 미국 병사를 구해주고 사랑에 빠지는 중국 여성 연화 역을 맡았다. 2년 뒤인 1924년에는 〈아라비안나이트〉를 영화로 만든 〈바그다드의 도적〉에 등장하며 패션 아이콘이 되었다. 이 1920년대 판 액션 어드벤처 영화는 20세기 초반 버전의 〈알라딘〉 이야기에 황인종에 대한 뿌리 깊은 공포심을 곁들였다는 사실이 흥미롭다. 공주의 여러 구혼자 가운데 몽골 왕자는 인도, 페르시아 왕자들과 달리 바그다드를 송두리째 집어삼키려는 정치적 야심과 계략의 소유자다. 앞의 두 왕자보다 더 극악하고 권모술수에 능하며 잔인한 인물로 등장한다. 그는 주도면밀하게 자신의 스파이를 공주의 몸종으로 훈련시켜두었으며 사랑마저도 그러한 정치적 야심의 일환으로 삼는, 동화 같은 이 이야기에서조차 전혀 낭만적이지 않은 공포의 대상이다. 안나 메이 웡이 연기하는 몽골 노예는 비록 조연이긴 하지만 순수하게 아메드만을 사랑하는 순정파 공주와 대조되어 훨씬 더 간악한 드래건 레이디 타입으로 등장한다.

이 두 영화의 성공으로 웡은 큰 명성을 얻었지만 늘 고정된 역할만을 강요받는 것이 싫었다. 심지어 감독들은 그녀의 이국적인 아시아 성을 강조하기 위해 앞머리를 내려 일직선으로 자른 뱅 헤어스타일을 강요하기까지 한다. 미국 영화계에 실망한 웡은 1920년대 후반 유럽 영화에 출연하지만 1차 세계대전 직후 불안정해진 유럽에서는 영화 산업도 위축되어 미국보다 더 나을 게 없었다.

1930년대 할리우드로 돌아온 그녀가 맡은 역할은 이전과 별반 다를 게 없었다. 오히려 그녀가 출연한 1930년대 영화들이야말로 드래건 레이디의 효시가 된 작품들이다. 〈용의 딸Daughter of the Dragon〉(1931), 〈상하이 익스프레스〉(1932), 〈상하이의 딸〉(1937) 등. 이 중에서도 시각적으로 그녀를 드래건 레이디로 자리매김하게 한 것은 〈용의 딸〉이었다. 웡은 1935년 펄 벅

'드래건 레이디' 안나 메이 웡.

의 〈대지〉에서 여주인공을 맡을 뻔했지만 독일 여배우 루이스 라이너에게 양보해야 하는 아픔을 겪는다. 인종이 다른 두 남녀의 키스나 포옹 장면이 금지되었던 시절이기에 백인 남자배우 폴 무니를 먼저 캐스팅한 영화사가 웡을 제외했기 때문이었다. 1930년대 후반부터는 B급 영화라 해도 아시아인들을 긍정적으로 보여주는 영화들만 골라 출연한 것으로 알려져 있는데 이때를 기점으로 그녀의 경력도 하향곡선을 긋는다. 1961년 뮤지컬영화 〈꽃북의 노래〉에 출연할 계획이었으나 그만 그해에 56세의 나이로 사망함으로써 뜻을 이루지 못했다.

안나 메이 웡의 경우처럼 20세기로 접어들어 동양 여성 이미지의 진원지는 미국이 되었다. 1800년대까지의 아시아 역사의 재현을 주도한 곳이 유럽이었다면 1900년대부터는 동서양 조우의 주 무대가 유럽에서 미대륙으로 건너오게 된 것이다. 1800년대 유럽의 아시아 열풍이 신비스런 일본에 대한 '문화적' 호기심에서 시작되었다면 같은 시기 미국의 아시아에 대한 관심은 이민자의 나라답게 중국인의 몸과 풍습에 대한 일반인들의 호기심으로부터 촉발되었다. 유럽에 소개된 일본의 이미지가 이국적인 소품들과 공연 무대 덕분에 미화되고 신비화되었다면 미국에 소개된 중국인들은 가난을 피해 바다를 건너온 노동자들의 누추한 이미지였다. 유럽 문화 속 아시아 여성은 나비부인처럼 명예를 중시해 자결까지 하는 부르주와 계층이 대표적이었다면 중국 여성이 대표한 미국 문화 속 아시아 여성의 이미지는 창녀였다. 그렇다면 왜 미국 땅에서의 아시아 여성은 창녀 이미지로 전락한 것일까. 특이하게 시작된 미국 문화 속 아시아 여성의 역사를 살펴보자.

# 박물관에 전시된
# '기이한' 중국소녀들

"중국의 미녀, 판 예쿠와 그의 시종들이 브로드웨이 중국 전시장에서
많은 관객을 끌어 모으고 있다.
그녀는 정말 예쁘고, 곡선이 살아 있으며, 우아한 데다, 그 조그만 발은 정말 놀라울 정도다!
영국 전시가 예정되어 있는 관계로 2주 내에 보지 않으면 영영 기회가 없다."
— 〈뉴욕익스프레스〉 1850년 4월 22일

　유럽과 달리 미국에서는 유독 동아시아 여성들의 신체적인 특징이 강조되었다. 유럽은 고대 그리스, 로마, 중세, 르네상스를 거치는 동안 중동이나 북아프리카 지역의 이방인들과도 섞이고 교류했던 역사 때문에 다른 인종의 신체적인 다름에 대해서 어느 정도 인지하고 있었던 사회였다. 반면, 19세기 미국의 대다수 이민자들은 영국, 아일랜드에서 기근을 피해 건너온 하층민들이 대다수였고, 그들은 아프리카계 흑인들 이외에는 유색인종에 노출되어본 적이 거의 없는 이민자 계층이었다. 게다가 서로 언어와 관습이 다른 이민자들이 섞인 19세기 미국 사회는 아직 수준 높은 '문화'를 향유할 수 있는 여건이 형성되어 있지 않았던 탓으로 눈요기가 되는 볼거리 위주의 엔터테인먼트가 성행했다.

　1895년 이후 활동사진으로 불리던 초기 영화가 등장하기 전까지는 서

커스, 신기한 물건이나 동물, 심지어 사람 전시, 전 세계 곳곳에서 모아온 특이한 물건들을 전시하고 판매하는 방물시장, 닭싸움이나 격투기 등이 이민자들의 대표적인 즐길거리였다. 아시아 여성이 미국 문화에 처음 소개된 것도 그녀들의 신체적 특징이나 다름이 강조된 '전시'를 통해서였다.

중국계 미국인 학자 주디 영Judy Yung에 따르면 미국 땅에 최초로 도착한 아시아 여성은 1834년 뉴욕에 온 중국 여성 아퐁 모이Afong Moy였다. 아퐁 모이는 자발적으로 미국에 온 이민자가 아니라 미국인 형제가 돈을 벌 목적으로 중국에서 데려온 하나의 벤처 '상품'이었다. 1832년 미국의 무역 상인 나다니엘 칸과 프레더릭 칸 형제는 중국에 도착해 미국의 중산층들에게 팔 수 있는 물건들을 찾기 시작한다. 그동안 프랑스에서 수입한 물건들을 미국에 팔아왔던 이 형제는 아직 아무도 시도하지 않은 중국 땅이야말로 새로 개발할 가치가 있는 상권이라 생각하고 중국에 왔던 것이다. 사업뿐만 아니라 쇼 비즈니스에도 관심이 많았던 이 형제는 온갖 희귀한 중국의 상품들을 이것저것 모으던 중, 전족을 하고 희한하게 걷는 중국 여성들을 보고 아예 살아 있는 중국 여성을 미국 사람들에게 전시해보면 어떨까 하는 생각에 이른다.

1834년 10월 17일, 칸 형제는 화물선 워싱턴 호를 통해 드디어 중국 여성 한 명을 뉴욕에 데려온다. 그녀가 바로 19세의 아퐁 모이였다. 그들은 전시실을 빌려 관객들로부터 일인당 50센트의 입장료를 받고 중국에서 가져온 물건들을 전시하는 사업을 시작한다. 아퐁 모이는 뉴욕 사람들의 흥미를 가장 많이 끄는 '전시물'이었다. 칸 형제는 그녀에게 중국 전통의

박물관에 전시된 최초의 중국인 소녀, 아퐁 모이(1834).

상을 입혀 앉혀두었는데 무엇보다도 그녀의 작은 전족이 사람들의 관심을 끌었다. 홍보책자에는 "전통의상을 입은 중국 여성"이라고 적었고, 뉴욕의 신문들은 "뉴욕의 미인들에게 다른 지역의 여성들은 어떻게 다른지를 보여주는 전시"라고 광고하였다.

칸 형제는 전시실에 자신들이 중국에서 가져온 다른 물건들도 전시함으로써 중국에서 수입해온 물건들의 홍보 효과도 노렸다. 전시 기간 동안 칸 형제는 아퐁 모이로 하여금 젓가락을 사용해 음식을 먹게 하거나 중국어로 숫자를 세거나 말하는 모습을 일반인들에게 보여주게 한다. 전시 기간이 계속되자 나중에는 통역자를 두고 질의응답 시간을 가짐으로써 아퐁 모이로 하여금 사람들의 궁금증에 답하게도 한다. 게다가 몇 분에 한 번씩은 의자에서 일어나 전족으로 뒤뚱거리며 걷는 모습을 보여줌으로써 사람들의 호기심과 경이로운 반응을 유도했다.

19세기 미국은 세계 곳곳에서 여러 인종이 가장 많이 모여들던 인종 전시장이자 기회의 땅이었다. 그들 대부분은 고국의 가난, 정치적 불안, 신분의 억압을 피해 잘 살아보겠다는 일념 하나로 아메리칸 드림을 품고 건너온 사람들이었다. 대다수의 이민자들은 영어를 할 줄 몰랐기 때문에 뉴욕과 같은 대도시에서는 자연히 언어, 종교, 문화적 배경과 상관없이 누구나 즐길 수 있는 진기한 전시나 서커스 같은 대중적이고 시각적인 여흥이 발달했다.

바넘P. T. Barnum은 그러한 미국 대중들의 속성을 이용해 1841년부터 1865년까지 뉴욕의 브로드웨이에 가장 큰 규모의 아메리칸 뮤지엄을 만들었던 쇼 기획자였다. 바넘은 브로드웨이와 앤 스트리트가 만나는 길목에 자리한 거대한 5층짜리 건물을 사들인 뒤 이 건물을 아메리칸 뮤지엄으로 만든다. 그는 이 건물 전체를 화려한 조명과 깃발들로 꾸미고 일부러 최악의 연주자들을 모아 건물 출입구 바로 위 발코니에서 연주하게 하였다. 불협화음과 소음을 피하기 위해 사람들이 얼른 전시장 안으로 들어갈 것이라는 논리와 함께. 바넘의 흥행에 대한 열의가 얼마나 대단했는지를 엿볼 수 있는 대목이다. 바넘은 아프리카에서 가져온 이국적인 동물들, 진짜처럼 보이는 밀랍 인형들, 진기한 유리 공예품들부터 몸 일부가 붙어 있는 샴쌍둥이, 거인과 난쟁이 등 사람들까지 전시했을 뿐만 아니라 예쁜 아기 선발대회, 마술쇼, 복화술 쇼 등 사람들의 호기심을 끌 만한 것들은 무엇이든 전시했다.

(이 바넘 아메리칸 뮤지엄은 흥미로운 사료로 인정받아 2000년 미국 의회의 지원으로 현재 인터넷상에 사이버 박물관이 꾸며져 있다.) 바넘은 하루에 15시간씩 전시장을 운영했고 가장 잘나가던 시기에는 하루에 무려 1만 5,000명의 방문자들이 전시장을 다녀갔다. 1841년부터 1865년 사이 모두 3,800만 명의 사람들이 일인당 25센트의 입장료를 내고 전시장을 다녀갔다고 한다. 1860년 미국 전체 인구가 3,200만 이하였으니 그 명성이 유럽까지 떨쳐 다른 나라의 방문자들까지도 다녀갔거나 두 번 이상 다녀간 방문객들이 그만큼 많았다는 얘기다.

1850년 바넘은 17세의 중국 소녀 판 예쿠Pwan-Yekoo를 다른 중국인 세 명과 두 명의 중국 어린이들과 함께 전시한다. 그해 4월 21일자 〈뉴욕 타임스〉는 판 예쿠에 대해 "진짜 중국 여성으로 2인치 반 길이의 전족을, 진기한 구경거리를 좋아하는 대중들에게 선보일 준비가 된" 인물이라고 소개하고 있다. 한편 그 다음 날 발행된 〈뉴욕 익스프레스〉는 "중국의 미녀, 판 예쿠와 그의 시종들이 브로드웨이 중국 전시장에서 많은 관객을 끌어모으고 있다. 그녀는 정말 예쁘고, 곡선이 살아 있으며, 우아한 데다, 그 조그만 발은 정말 놀라울 정도다! 영국 전시가 예정되어 있는 관계로 2주 내에 보지 않으면 영영 기회가 없다."고 홍보하고 있다. 아퐁 모이 전시 때와 마찬가지로 역시 미국의 대중들은 의자에 앉아 있는 판 예쿠의 머리칼을 만져보거나 중국식 실크 옷의 감촉을 느껴보는 등 살아 있는 동양 여성의 이국적인 '특이한' 모습에 엄청난 호기심을 보였다.

1858년 1월 30일자 주간지 〈하퍼스 위클리〉에는 중국 여성들에 관한 기사가 한 편 실린다. 이 기사는 특히 중국 여성들의 기묘한 머리 스타일,

17세의 판 예쿠(악기를 들고 있는 소녀)와 함께 전시된 여러 나이대의 중국인들.

전족, 그리고 복장에 관해 자세히 묘사하고 있다. 이 기사를 쓴 칼럼니스트는 "개코원숭이처럼 생긴 홍콩 여성들의 얼굴을 좋아하는 사람은 마치 망고 과일을 조금씩 좋아하게 되는 것과 비슷한 게 아닐까 싶다. 나 역시도 망고는 조금씩 좋아지게 되긴 했지만 내 양복 재단사의 중국인 아내를 보면 여전히 억제할 수 없는 혐오감을 느낀다."라고 쓰고 있다. 유럽 이민자들에게 익숙하지 않은 몽골리언의 신체적 특징을 폄하하거나 희화화한 캐리커처가 캘리포니아 지역 신문에 자주 등장하기 시작한 것도 바로 이때다. 이미 1850년대 중반 즈음부터는 미국 서부지역에서 중국인 여성들을 간혹 볼 수 있었지만 그녀들은 이 신문기사에서처럼 자영업자의 아내

위험한 여자, 드래건 레이디

이거나 같은 마을의 주민인 경우는 극히 드물었다. 그도 그럴 것이 1850년 대 당시 대부분의 중국인 여성은 중국 남성들 밀집 지역에서 매춘부로 일하는 경우가 많았고 미국 땅에 도착한 지 몇 년 안 되어 성병에 감염되거나 낙태를 하다 이른 나이에 사망하는 일도 많았다. 아메리칸 드림을 꿈꾸며 미국에 도착한 소수의 중국인 여성들이 왜 매춘부로 전락할 수밖에 없었을까. 첫 번째 이유는 극소수의 중국 여성만이 미국 땅에 당도해 중국 남녀 간의 성비가 극단적인 불균형 상태였기 때문이다. 둘째로는 여성들이 가질 만한 모든 일자리를 남성들이 차지해 여성들이 생존에 필요한 마땅한 직업을 가질 수 없었기 때문이다.

아시아 여성들이 남성들에 비해 이민 대열에 선뜻 나서지 않은 데에는 여러 가지 이유가 있었지만 무엇보다도 위험이 따르는 긴 항해가 가장 큰 난관이었다. 태평양을 건너 두 달여의 기간을 항해하면서 겪는 온갖 신체적 불편함과 위협들, 선원을 포함한 남성들의 성폭력까지 견뎌야 하는 상황 때문에 여성들이 선뜻 이민을 감행하는 일은 드물었다. 미국 서부에서 금광이 발견되어 골드러시 열풍이 불었을 때에도 중국 남성들은 부락을 형성할 정도였지만 중국 여성은 극소수였다. 1850년 기준으로 샌프란시스코에 4,018명의 중국인 남성들이 있었던 반면 중국인 여성의 숫자는 7명에 불과했다. 극단적으로 불균형적인 성비는 중국인 창녀촌을 파생시키는 결과를 낳는다. 신체적으로 한창의 나이에 아내나 연인 없이 이국땅에서 버텨야 하는 중국인 남성들은 마땅히 성적 욕구를 해소할 방법이 없었다. 당시 미국 법은 유색인종 남성과 백인 여성 간의 어떤 종류의 신체적 접촉도 허용하지 않았다. 중국인 남성은 아시아 여성 이외의 타인종 여성과의 신체적 접촉이 원천적으로 금지되어 있었던 것이다. 자연히 중국인 매춘부들에 대한 수요는 높아졌는데 중국인 여성은 오히려 찾아보기 힘든 상황이었다. 그러다 보니 소수의 중국인 창녀촌은 늘 문전성시를 이뤘다. 물론 미국에 건너 온 중국 여성들이 처음부터 매춘부가 되려고 한 것은 아니었다. 두 달여의 긴 항해 기간 중 배에서 성폭행을 당해 자포자기 상태에 빠지면 별다른 저항 없이 매춘부가 되는 길을 선택하는 여성들이 많았다. 게다가 점차 수적으로 늘어난 중국인 남성들은 금광에서의 일확천금이 거의 불가능함을 깨닫고 식당이나 개인 가정의 요리사, 세탁부 등 전통적으로 여성이 하던 일들까지 모두 차지해버려 소수의 중국 여성들은 제대로 된 일자리를 구하기도 쉽지 않았다. 그러한 열악한 상황이 중국 여성들을 더더욱 매춘지역으로 이끌었다. 1870년 기준으로 샌프란시스코에 도착한 중국 여성의 71퍼센트가 창녀로 일했다고 한다.

당시 캘리포니아, 콜로라도를 비롯한 서부 광산지역은 온통 남성들 천지인 총각사회Bachelor society, 즉 홀아비들 세상이었다. 그러다 보니 자연스레 술집, 매춘부락이 형성되었고 아일랜드 여성들의 매춘부락, 이탈리아 여성들의 매춘부락 등 백인 여성들의 매춘소도 많았다. 앞서 언급한 대로 유색인종 남성과 백인 여성 간의 어떠한 신체적인 접촉도 금기시되었던 상황이라 중국인 남성들이 백인 여성 매춘부를 찾는 일은 상상조차 할 수 없었다. 반대로 백인 남성들이 아시아 여성들의 매춘부락에 출입하는 것은 문제가 없었다. 그러다 보니 아이러니하게도 늘 중국 여성 매춘지역이 성업을 이뤘다. 중국인, 백인 남성 가릴 것 없이 누구라도 드나들 수 있었던 곳인 데다 백인 여성들에 비해 상대적으로 화대도 적었기에 자연히 찾

미국의 지역신문 〈샌프란시스코 크로니클〉에 묘사된 중국 여인(1864).

는 고객들이 많았다. 그러자 캘리포니아 지역 신문들은 번성하는 중국 매춘부락을 가장 먼저 척결해야 할 악의 근원으로 지목한다.

캘리포니아 지역 신문들은 아시아 여성들이 매춘을 일삼으며 백인 남성들뿐만 아니라 미국 사회 전체를 악의 세계로 이끌고 있다고 지적하며 연일 선정적인 사진이나 기사들을 실었다. 가끔 유명세를 누리는 매춘부가 있으면 그녀에 관한 기사를 싣기도 했다. 1864년 〈샌프란시스코 크로니클〉은 샌프란시스코에서 가장 인기 있는 중국 매춘부, 아 토이Ah Toy에 관한 기사를 실으면서 "새크라멘토에서 배가 당도할 때마다, 배에서 내린 광부들이 아 토이의 매춘소를 향해 달려간다."라고 적고 있다. 이 지역 신문은 가끔 진짜 금화 대신 가짜 쇠붙이를 화대로 지불한 고객을 상대로 소송을 제기한 중국 매춘부락의 마담들이 법정에서 고객과 공방을 벌이는 모습을 게재하기도 했다. 그 스케치를 보면 중국 여성의 이미지가 탐욕스럽고 화려하며 오만한 모습으로 그려져 있다.

모든 중국 매춘부들이 돈을 벌며 아메리칸 드림을 이룬 건 아니었다. 매춘부로 일하던 중국 여성 가운데에는 탈출해 네바다 주의 황야에 숨어 있다가, 양발이 동상에 걸려 두 발을 절단한 경우도 있었다. 댄스홀에서 '동양 인형The Yellow Doll'으로 불리던 댄서가 스토킹을 하던 한 남성에 의해 사우스 다코다 주의 데드우드Deadwood라는 지역에서 사체가 절단된 상태로 발견되기도 했다. 1876년 네바다 주 버지니아 시에서는 여섯 명의 중국인 매춘부들이 집단으로 탈출을 시도하려다 실패하자 다 같이 자살한 사건도 있었다. 1860년을 기준으로 전체 중국 여성의 약 85퍼센트가 매춘부였고, 1870년에는 71퍼센트, 1880년에는 대략 21퍼센트로 급격히 줄었는데 이는 전체 중국 여성의 숫자가 늘었고 매춘 이외의 다른 일을 하면서 가정을 꾸린 중국 여성이 많아졌기 때문이었다.

중국인들에 대한 부정적인 인식은 대륙횡단열차 공사가 마무리된 1877년경 절정에 달한다. 이 대규모 토목공사가 마무리되자 일자리를 잃게 된 수천 명의 중국 남성들이 샌프란시스코에 넘쳐나기 시작했고 서부 지역은 동시에 극심한 경제 불황에 시달렸다. "충격의 1877년(The Panic of 1877)"이라는 당시의 표현대로 미국 전체로 따지면 수백만의 이민자들이 일자리가 없어 부랑자로 전락하는 사태가 발생했다. 1877년 샌프란시스코 시 보건당국이 차이나타운을 모든 범죄와 악행의 온상으로 규정하고 이 지역을 소탕하려 하자 일단의 중국인 남성들은 시장에게 보낸 서한에서 자신들의 권리를 위해 끝까지 싸우겠다는 뜻을 전달한다. 1877년 가을, 드니스 키어니Denis Kearney가 캘리포니아 역사 최초로 노동당을 창설하면서 부르짖은 첫 번째 모토가 "중국인은 물러가라!(The Chinese Must Go!)"였다. 노동당 창설을 위해 당대표로 행한 연설에서 키어니는 이렇게 말하며 공적인 압박을 가한다.

"중국인 문제가 해결되고 난 뒤에야 자본가들을 목매달든지, 쏴 죽이든지, 사지를 찢어 죽일지 논의할 수 있을 것이다. 앞으로 6개월 안에 우리는 5만 명 이상의 인력을 규합할 수 있다. 센트럴 퍼시픽 사(대륙횡단열차 공사를 위해 중국인 노동자들을 주로 고용했던 회사)에 앞으로 3개월 이내에 모든 중국인들을 내보내라고 요구할 것이다. 만약 우리의 요구가 받아들여지지 않으면 사장인 스탠포드와 그 족속들은 어떤 결과라도 달게 받아야 할 것이다."_샌프란시스코 석간, 1877년 11월 5일자

노동당의 이러한 집단적 히스테리는 중국인들을 당시 서부지역의 모든 정치, 사회, 경제 문제의 원인이자 처단해야 할 희생양으로 지목하고 있다. 키어니의 선동은 일자리를 잃은 대부분의 유럽 출신 백인 남성들의 절대적인 지지를 받았다. 주 의회도 대중의 반反 중국인 정서에 동조하지 않을 수 없었다. 그렇게 만들어진 1882년 상정된 중국인 배제조항The Chinese Exclusion Act은 미국 역사상 최초로 특정 인종 집단, 특정 국적의 이민자의 유입을 원천적으로 금지하는 불평등한 법조항이었다. 이 이민금지 조항은 이후 일본인, 한국인, 필리핀인 등 대부분의 아시아인 이민 자체

를 어렵게 만들었고 아시아계 이민자들의 미국 진입이 20세기 이후로 늦어지는 결과를 낳는다. 미국 사회 전반적으로 아시아인은 '영원한 이방인', '아시아인들은 영어를 못한다'는 고정관념이 형성되게 된 것도 이러한 짧고 굴곡 많은 아시아인들의 이민역사와 무관하지 않다.

초기 할리우드 영화에서, 심지어 21세기인 오늘날까지도 서양 영화나 소설에서 아시아계 여성이 자주 매춘부로 등장하는 데에는 이런 초기 이민역사의 현실이 있었기 때문이다. 그렇다면 아시아 여성의 매춘부 이미지는 역사적 사실에 근거한 것이니 문제가 없는 것일까? 그렇지 않다. 역사적 현실은 비정상적으로 어긋났던 성비, 유색인종 남성과 백인 여성의 성적 접촉을 용납하지 않았던 사회적 억압과 법령, 특정한 인종집단이나 매춘부락을 커뮤니티의 희생양으로 삼았던 미디어의 선정적인 보도가 결합되어 만들어진 일시적 현상이었다. 즉 문화적 이미지는 자연발생적인 경우보다도 그 사회의 지배적인 정치·경제·법적 구조가 유기적으로 결합해 만들어지는 경우가 대부분이다. 인종재현의 역사에서는 특정 이미지를 거론하기보다 그러한 이미지가 형성된 과정과 원인을 추적해야 하는 이유도 바로 여기에 있다.


포스트 드래건 레이디 : 루시 리우


1999년 멜 깁슨 주연의 액션영화 〈페이백Payback〉에 등장한 루시 리우야말로 가장 전형적인 포스트 드래건 레이디다. 1990년대의 미국 대중문화는 바야흐로 포스트모던 시대로 예전에 성공했던 영화의 후속작을 만들거나 옛날에 대한 향수를 담은 이미지들을 재탕하는 경우가 많았다.

포스트 드래건 레이디 이미지는 독립적이고 자유로운 인물이란 점에서는 긍정적인 듯 보이지만 여전히 강력한 성적 카리스마로 상대를 유혹해 곤경에 빠뜨리는 아시아판 팜므 파탈이다. 그래서 보는 관객도 긍정적인 이미지인지 부정적인 이미지인지 헷갈린다. 물론 대중문화의 이미지를 늘 긍정이냐 부정이냐의 이분법으로 논할 수는 없다. 그러나 딱히 무엇이 문제인지 알 수 없는 모호한 경계선상의 이미지가 포스트모던 드래건 레이디다. 루시 리우가 전형적인 케이스다. 그녀는 건강하고 매력 있고 할 말을 분명히 하는 현대적인 여성을 연기하지만 그 인물들은 여전히 이국적인 성적 매력을 무기로 삼는 미스터리의 여성들이다.

리우는 현재 미국에서 활동하고 있는 아시아계 여배우들 가운데 가장 매력적인 인물임에 틀림없다. 키는 160센티미터 정도여서 다른 미국 여배우들보다 작은 편이지만 카리스마 넘치는 표정과 작은 속삭임도 분명히 들릴 만큼 정확한 발음이 장점인 여배우다. 그녀의 연기력은 〈앨리 맥빌〉에서부터 눈에 띄었다. 몇 회만 등장시키려던 링 우 캐릭터를 이 시트콤의 고정인물로 만든 것도 바로 그녀의 남다른 연기력과 개성 있는 외모였다. 등장하기만 하면 동료나 주변인들 모두를 압도하는 성적 에너지와 카리스마로 거칠 것이 없는 링 우는 과거도 취향도 경력도 알 수 없는 미스터리의 인물로 자신과 관계를 맺는 남성들이나 다른 여성들에게까지 언제 어디로 튈지 예측불허의 불안감을 안겨주는 여인이었다. 도덕적, 정치적으로 옳고 그름에 개의치 않고 할 말을 다하고, 하고 싶은 대로 다 하는 링 우 캐릭터는 시청자들로 하여금 카타르시스를 맛보게 하는 매력이 있었다. 지고지순한 청순가련형이 아니라 자신의 운명을 능동적으로 개척하는 파워풀한 여성상 루시 리우. 그런 점에서 리우를 좋아하는 젊은 팬들이 한국에도 많다. 문제는 〈앨리 맥빌〉 이후 그녀가 영화에서 주로 맡아온 배역이 전형적인 드래건 레이디 타입이라는 데에 있다. 다만 포스트모던 시대의 드래건 레이디가 좀 더 강력하고 독립적이며 당당한 액션을 선보인다는 점이 다를 뿐이다.

〈페이백〉에서 리우는 잠자리를 같이하는 남성 고객들을 묶고 학대하는 가학전문 고급 창녀 펄Pearl 역을 맡는다. 그녀는 차이나타운의 중국계 마피아와도 줄이 닿아 있는 도대체 꿍꿍이가 무엇인지 알 수 없는 미스터리의 인물이다. 그녀가 연기한 인물들을 굳이 드래건 레이디로 분류해 넣는 게 망설여지는 것은 사실이지만 할리우드 백 년 동안의 역사에서 보면 링우, 펄 모두 현대판 드래건 레이디다. 2003년 〈미녀삼총사Charlie's Angel〉에서도 리우가 맡은 역할은 드류 베리모어, 카메론 디아즈와 달랐다. 똑같이 상대 남성을 유혹하는 장면에서도 리우가 연기하는 인물은 이전 할리우드 영화에서 아시아 여성들이 줄곧 그래왔던 것처럼 백인 남성을 마사지 해주며 기밀을 빼내거나 뒤통수를 치는, 〈페이백〉에서의 고급 창녀 이미지와 유사했다. 모든 종류의 성적 서비스에 능한 동양 여성이 뉴욕에 진출해 미국식 영어에 익숙한 인물로 대치된 느낌이다.

―― 1. 미국의 연극사학자 브루스 맥커나키Bruce McConachie에 따르면 유럽대륙에서 동아시아인이나 동아시아문화가 소개되기 시작한 역사는 서양의 중세 후반인 15세기말부터였다. 각자가 세계의 중심이라 믿었던 '동'과 '서'는 너무 다른 서로의 수수께끼 같은 모습에 매료됨과 동시에 서로를 배척하고 경멸하는 양가적 감정에 사로잡혔다. 1500~1800년 사이 동아시아 3국 가운데서도 중국은 세계에서 가장 강하고 큰 나라였고 유럽은 대부분이 신생국가 또는 도시국가들이었으며, 미국은 아직 개척 이전의 상태였다. 이 시기의 동서양 문화교류는 비교적 양방향적인 것이었으며 도널드 크리츠로우Donald T. Critchlow나 조너선 스펜스Jonathan D. Spence의 분석처럼 유럽의 계몽주의 철학자들은 유럽의 부패한 가톨릭 사회에 대한 대안으로 중국의 윤리철학과 법률, 특히 덕치와 예를 강조한 관료제에서 새로운 해법을 찾으려 하였다. 즉 이 시기에는 오히려 서양이 상대방에 대한 문화적 동경을 동양보다 더 강하게 갖고 있었고 이 시기의 오리엔탈리즘은 그야말로 동양학에 관심 있는 서양학자들의 다소는 '순수한' 학문적 관심사에 기반하고 있었다.

비교적 균형 잡힌 듯 보였던 동서양 관계가 급격히 변하기 시작한 문제적 시기는 바로 19세기였다. 유럽인들은 동경의 대상이던 동양에서 실질적인 경제적 이득을 얻길 원했고 동양을 스스로의 손으로 식민화함으로써 동서양의 역학관계에 극심한 불균형이 시작되었다. 중국과 한국은 특히, 서양에 비교적 빨리 문호를 개방하고 서구식 근대화과정을 이행하기 시작한 일본에 의해 침략을 당하며 동아시아 지역 내에서도 열악한 상황에 빠지게 되었고, 전쟁과 혼란에 빠진 근대 이전의 미개한 사회라는 중국과 동아시아에 대한 부정적인 이미지는 이후 동아시아 3국에 대한 지배적인 이미지로 자리매김되었다. 동서양교류사가 크게 1500~1800년 사이의 점진적이고 양방향적인 관계와 1800~2000년 사이의 일방적이고 문제적인 시기로 대별될 수 있다는 견해는 역사학자들 사이에서는 이미 공인된 사실이다.

―― 2. 〈중국―서양 문화관계 저널Sino-Western Cultural Relations Journal〉의 발행인이자 편

집자로 평생 중국과 서양의 만남을 연구해온 저명한 미국 사학자 데이비드 문젤로David E. Mungello는 중국과 서양의 만남에, 1500~1800년 사이의 만남과 1800~2000년까지의 만남, 이렇게 두 개의 다른 유형이 있다고 분석하고 초창기 1500~1800년 사이의 중국과 서양의 만남은 점진적이고 그 영향이 상호적이었으며 유럽과 중국이 종교, 철학, 예술, 정치, 문화적으로 광범위하게 접촉한 반면 1800~2000년 사이에는 유럽과 중국 두 지역 간의 불균형이 커지면서 경제적으로 적대적인 관계가 되었다고 지적한다. 또한 이전 300년간(1500~1800)은 중국이 유럽에 미친 영향력이 더 강하게 감지된 반면, 그 뒤의 200년간(1800~2000)은 중국에 대한 유럽인들의 찬사가 점차 환멸로 바뀌면서 유럽과 북미 같은 서구가 중국에 미친 영향이 더 지배적이었다고 분석한다. 문젤로는 또한 1500~1800년 사이에 중국에 대한 유럽의 주된 이미지는 현자로 묘사된 공자(기원전 551~479)가 책으로 가득 찬 서재 가운데 서 있는 모습이 그려진 그림이나 서적, 도자기였다면 1800~2000년 사이에 볼 수 있던 가장 일반적인 중국 이미지는 긴 손톱에 변발을 한 사악한 중국인의 모습이었다고 지적한다. 교양과 덕망을 갖춘 지성인으로서의 공자의 이미지는 야만적인 미개함을 드러내는 후기 중국인의 모습과 극도의 대조를 이루는데 문젤로의 지적대로 하나는 "이상화된" 이미지이고 다른 하나는 "경멸적인 고정관념"을 형상화했다는 점에서 둘 다 왜곡된 문제적인 재현임에 틀림없다. 한 국가 또는 한 문명에 대한 이미지가 이렇듯 상반된 두 이미지로 재현되었다는 사실도 흥미롭다.

문젤로의 최근 저서 《동양과 서양의 위대한 만남 1500~1800 The Great Encounter of China and the West, 1500~1800》(휴머니스트, 2009)의 서문에서도 저자는 중국과 서양의 만남에 있어서 역사적으로 대조되는 이 두 가지 유형에 대한 자신의 지속적인 관심을 피력하고 책의 많은 부분에 초기 300년간 서양과 중국이 어떤 상호적인 지적, 문화적, 종교적 영향을 주고받았는지에 대해 쓰고 있다. 하지만 아쉽게도 그의 이전의 연구에서와 마찬가지로 이 최근의 저서에서도 1800년대 이후 서양의 중국 이해가 왜 그렇게 급격히 이상화된 고대문명에서 야만적인 미개한 인종으로 달라졌는지에 대한 충분한 설명을 내놓지 못하고 있다. 그 이유는 문젤로 교수의 연구가 대부분의 동서양교류사 전문가들의 연구와 마찬가지로 주로 유럽사만을 다루고 있고 특히 철학, 정치, 종교와 같은 지성사 위주의 연구이기에 1800년대부터 미대륙에서 파생되기 시작한 새로운 유형의 이민역사나 대중문화에 대한 연구가 포함되지 않음으로 인해 생긴 공백 때문이라고 사료된다. 그런 이유로 이 책은 1800년대 이후 미국을 중심으로 서양과 동양의 문화적 만남을 대중문화 차원에서 기술함으로써 아시아 여성들의 이미지가 어떠한 과정을 거쳐 유형화되거나 변형되었는지를 추적하고자 한다.

## 3. 박물관에 전시된 '기이한' 중국소녀

초창기 미국 땅에 최초로 도착한 중국 여성들의 삶과 역사를 추적한 책으로는 중국계 미국인 사학자인 주디 영Judy Yung의 《미국의 중국 여성들Chinese Women of America : A Pictorial History》(U of Washington P, 1993)이 있다. 1834년 최초로 미국에서 전시된 아퐁 모이와 1850년에 중국박물관에 전시된 판 예쿠를 비롯해 샌프란시스코 중국인 집단거주지역의 창녀들, 하와이 사탕수수농장의 여성들과 초창기 중국계 이민자 집단의 생활상을 담은 귀한 사진자료를 통해 미국의 초창기 중국계 이민사를 간결하고 보기 쉽게 정리하고 있다.

# 인종적·공간적 하이브리드, 홍콩

5

홍콩은 할리우드 영화에서도 늘 매혹적인 소재였다. 영화학자 지나 마르체티Gina Marchetti가 분석하듯 홍콩은 거의 모든 종류의 정치·사회·문화적 이데올로기가 충돌하는 지점이다. 동과 서, 공산진영과 자본진영, 백인과 유색인종, 상류층과 하류층, 식민지배자와 식민지 인, 유럽인과 미국인, 아시아인과 미국인, 진보주의자와 보수주의자. 여기에 한 가지를 더 한다면 남성과 여성, 그것도 할리우드 영화 속 서양 남성과 동양 여성의 만남이 이루어지 는 공간이 홍콩이다.

# 1997년 불안한 홍콩,
# 〈차이니스 박스〉

대사 없는 침묵 속의 홍콩 거리, 사람들,
독특한 이미지들이 콜라주처럼 공간에 대한 아련한 향수와 사라져가는 서글픔을 대신한다.

1997년은 홍콩을 알고 기억하는 사람들에겐 잊지 못할 해다. 1841년 이래 150년간 영국령이었던 홍콩이 중국으로 반환된 해였다. 아편전쟁 승리의 결과 얻어낸 이곳을 중국에 돌려주는 영국인들의 표정엔 만감이 교차하는 듯했다. 자유무역항이란 상징성과 동서양 문화가 융합하는 유일한 공간이었던 이 섬에 대한 기억 때문일까. 많은 이들이 홍콩의 중국반환을 착잡하고 서글픈 심정으로 바라보았다. 게다가 공산정권인 중국의 장악과 통치 안으로 들어가면 어떤 결과가 될지 뻔했기 때문에 차라리 아픈 식민의 역사일망정 영국령으로 남아주길 바라는 마음들이 지배적이었을 것이다.

홍콩은 동양인, 서양인 모두에게 이국적인 공간이었다. 아시아에 있으면서도 영국의 빅토리아 문화가 스며든 곳. 그 흥미로운 동서양의 조합이 아시아인, 서양인 모두를 매혹시켰다. 상하이의 영화사들이 1930년대 이후 홍콩에 영화사를 설립하기 시작하며 1960년대 말부터 1990년까지 홍콩영화의 전성기도 있었다. 할리우드에서 브루스 리(이소룡)를 데려와 〈정무문〉, 〈용쟁호투〉로 그의 생애 최고의 영화들을 찍었고 386세대라면 〈천녀유혼〉에 등장하던 왕조현의 귀기 어린 아름다움이나 〈영웅본색〉의 성냥개비를 잘근거리던 주윤발의 카리스마도 기억할 것이다. 홍콩은 그렇게 아시아와 미국의 베이비붐세대에게 특별한 공간이었다.

홍콩에서 태어나 18세까지 그곳에서 자란 미국 영화감독 웨인 왕Wayne Wang 역시도 1997년은 잊을 수 없었다. 홍콩이 중국에 귀속되는 게 당연한데도 알 수 없는 상실감과 공허함이 엄습하며 자신의 정신세계가 얼마나 영국문화에 익숙해 있었는지 새삼 놀라지 않을 수 없었다. 그 역사적인 순간을 영화로 기록하기 위해 그가 만든 1997년 영화가 바로 〈차이니스 박스〉다. 영국인 저널리스트 존(제레미 아이언스)은 10여 년 이상을 홍콩에 거주해 이곳의 모든 것이 익숙하면서도 늘 온전히 동화되지 못하는 자신을 발견하곤 한다. 실질적인 성격인 그의 유일한 관심사는 자주 가는 바의 바텐더로 일하는 홍콩아가씨 비비안(공 리)과의 사랑을 이루는 일이다. 존은 비비안이 중국 본토에서 창녀로 일할 때 잠깐 만난 적이 있고 그때부터 이미 그녀를 사랑했었다. 그러나 그들의 사랑은 이루어지지 않았고 지금 비비안에게는 그녀에게 바를 차려준 중국 남자 챙이 있다.

여러 장으로 이루어진 책처럼 이 영화는 에피소드별로 구성돼 있다. 존은 희귀한 백혈병을 진단받고 6개월 뒤 홍콩이 중국에 반환되는 시점까지 생존할 수 없을지 모른다는 말을 듣게 된다. 대영제국의 스러져가는 영광을 상징하기라도 하듯 존의 남은 삶이 시한부 인생이 된 것이다. 거

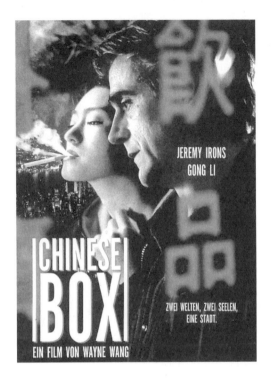

리를 걸으며 사진과 비디오로 홍콩의 남은 시간들을 기록하는 그에게 그 필름들은 홍콩의 역사를 넘어 자신의 존재에 대한 서글픈 자화상이 된다. 그러던 어느 날 그는 길거리에서 스카프로 얼굴을 가린 미스터리의 여인 진(매기 청)을 보게 된다. 부랑자처럼 거리를 떠도는 그녀는 화상을 입은 듯 얼굴에 거대한 흉터자국이 있다. 진의 일그러진 얼굴은 사춘기 시절 영국인 남자친구와 헤어진 뒤 그녀가 시도했던 자살이 실패로 끝나며 남겨진 상처였다.

인종적·공간적 하이브리드, 홍콩

이 영화가 매력적인 이유는 웨인 왕 감독 스스로 홍콩의 역사적인 순간을 영상으로 기록하는 장면들이 많기 때문이다. 대사 없는 침묵 속의 홍콩 거리, 사람들, 독특한 이미지들이 콜라주처럼 공간에 대한 아련한 향수와 사라져가는 서글픔을 대신한다. 미국영화에서는 보기 드문, 유럽 예술 영화에서 많이 시도되는 이미지적 영상이 주인공과 이 항구도시의 불안한 앞날을 암시한다. 공리가 연기하는 비비안은 자신의 아름다움을 무기로 남성들의 품에서 품으로 떠다니며 생존해온 바걸이다. 그녀가 매혹적인 항구도시 홍콩의 과거에 대한 상징이라면 진은 다가올 홍콩의 미래에 대한 상징으로 볼 수 있다. 그녀는 비록 큰 흉터를 가진 일그러진 얼굴이지만 그 안에 범접할 수 없는 강인함을 가진 생존자이자 미스터리한 중국본토에 대한 은유이기도 하다. 비비안은 중국인 갑부 챙이 청혼해주기만을 기다리면서 존과의 관계도 청산하지 못하는 동서양 사이에 낀 홍콩을 상징한다. 존을 따라 유럽으로 가 새로운 인생을 시작할 수도 있지만 존의 세계에 완전히 편입될 수 없는 자신을 잘 알고 있다. 진은 비록 생존을 위해 길에서 온갖 물건들을 다 팔고 다니며 수단과 방법을 가리지 않고 아픈 세월을 견뎌왔지만 몸을 파는 행위만큼은 한 적이 없는, 마지막 남은 자신의 영역은 사수하려는 중국에 대한 상징처럼 보인다. 시한부 인생을 살아가는 존은 가까이하기 어렵고 적대적이기까지 한 진에게 점점 흥미를 느끼는 자신을 발견한다. 영화는 주인공 존뿐만 아니라 모든 등장인물들의 미래를 알 수 없는 불확실한 상태로 끝을 맺는다. 웨인 왕 감독의 〈차이니스 박스〉는 홍콩을 배경으로 한 영화들 가운데 가장 홍콩을 홍콩답게 묘사하려 애쓴 흥미로운 영화다.

〈모정〉, 〈수지웡의 세계〉부터 중국 반환까지

인종적·공간적 하이브리드, 홍콩

공 리 주연의 〈차이니스 박스〉 포스터(1997).

때문이다.

가끔 아름다운 미혼의 여성 의뢰인이 등장할 때조차도 홈즈와 왓슨은 로맨스 따위에는 별 관심이 없는 것처럼 보인다. 홈즈와 왓슨의 품격 있는 버디 관계는 코난 도일의 소설이 흔하디흔한 로맨스로 전락하지 않게끔 지탱해주는 중요한 요소가 되기도 한다. 그런데 여성 왓슨, 그것도 아시아 여성 왓슨이라니! 시리즈가 시작도 하기 전부터 너무 뻔하고 예측 가능한 설정은 아닌지 염려하는 목소리들이 많았다.

CBS의 새 홈즈 시리즈 〈엘리멘트리Elementary〉는 'New Holmes, New Watson, New York'이라는 감각적인 헤드라인을 내걸고 21세기 뉴욕을 배경으로 한 '미국식' 수사물을 표방하고 있다. 조앤 왓슨은 외과 의사였으나 수술 중 환자가 사망하는 충격적인 경험 이후 의사면허를 반환하고 중독자와 일정 기간 함께 생활하며 중독을 치료하는 동반치료 프로그램의 동반자로 일하고 있다. 그녀는 홈즈의 아버지의 의뢰를 받아 브루클린에 거주하는 홈즈를 찾아간다. 마약중독으로 치료를 받고 막 보호소에서 나온 홈즈는 매서운 관찰력과 추리력의 소유자로 이전에 런던경찰의 고문으로 일했고 지금은 뉴욕경찰의 살인사건에 도움을 주고 있다. 도심 한가운데 고층 아파트 베란다에서 양봉을 하며 꿀벌들의 행태에 관한 논문까지 머릿속에 쓰고 있는 이 특이한 남성 홈즈는 한 번 확실한 단서를 발견하고 범인임을 확신하면 잠시도 기다리지 못하는 급한 성격의 소유자다. 첫 에피소드에서 그런 홈즈 때문에 왓슨이 영문도 모른 채 현장에 끌려 다니는 모습은 원작과 유사하다. 그런데 CBS의 새 시리즈 〈엘리멘트리〉에서 홈즈는 왓슨이 단순히 의학 지식만 가진 게 아니라 현장의 단서를 읽고 유추해내는 재능도 있음을 알아채고 왓슨을 조련하듯 그녀에게 자주 질문을 던지고 왓슨도 추리에 동참하면서 왓슨은 점점 홈즈의 파트너 역할을 수행하게 된다.

그렇다면 홈즈와 왓슨 사이에 로맨스는 없을까. 결론부터 말하면 당연히 '있다'. 첫 회에서 홈즈의 집에 찾아간 왓슨은 현관을 막 걸어 나오는 젊은 여성을 본다. 집 안으로 들어가 자신을 소개하려는 왓슨에게 상반신을 벗은 채 다가 선 홈즈는 "당신을 처음 본 순간 한눈에 반했다."고 말한다. 어리둥절하던 왓슨은 곧 홈즈가 방금 보고 있던 텔레비전 드라마 속 배우의 대사를 그대로 따라 연습하고 있음을 깨닫고 어이없어 한다. 이렇듯 둘 사이에 뭔가 관계의 진전이 있을 듯하다가도 각자의 영역을 침범하지 않는 동반자 관계임을 분명히 하는 설정이 반복되는 것으로 보아 제작팀들이 아시아 여성 왓슨과 홈즈 사이를 뻔해 보이지 않게 하려고 부단히 애쓴 흔적이 보인다.

〈엘리멘트리〉 홍보를 위한 인터뷰에서 루시 리우는 "촬영하면서 가장 중요하게 염두에 둔 점은 조앤이 홈즈보다 늘 열 발자국 뒤에 서서 따라간다거나 하지 않고 홈즈만큼이나 빨라야 한다는 점이었다."고 말했다. 홈즈 역을 맡은 배우 조니 리 밀러 역시 루시 리우의 말에 공감하며 "둘의 관계에서 그건 대단히 중요한 요소다. 이들은 한 팀이니까."라고 덧붙였다. 1회에서 성질 급한 홈즈가 성폭력당한 경험이 있는 여성을 다그치며 "당신이 진실을 말하지 않음으로 인해 또 다른 희생자가 나왔다고" 비난하자 이 여성은 불쾌감을 드러내며 더 이상 대답하지 않겠다고 응수한다. 계속 이 여성을 다그치려는 홈즈에게 왓슨은 "그 정도면 됐으니 그만하고 차에 가서 기다려."라고 매몰차게 말한다. 그리고 홈즈의 무례에 대신 사과한다.

마약재활 동반자로서 하루에 몇 차례 홈즈의 혀에서 타액을 채취해 검사해야 할 의무가 있는 왓슨은 홈즈가 새로운 사실을 알아냈다며 흥분해 계속 말을 하는 중에도 아랑곳 않고 그의 입안에 검사스틱을 밀어 넣어 타액을 훑어낼 만큼 자기 일에 충실한, 저돌적이고 책임감 있는 인물이다. 홈즈와 왓슨이 그간 만들어진 수많은 영화나 책에서의 이미지대로 왓슨이 조용히 홈즈를 보조해주는 정도가 아니라 동등한 파트너로 재현되는 점은 대단히 신선한 해석이다.

루시 리우가 연기하는 조앤 왓슨 캐릭터에 대한 평가는 대체로 긍정적이었다. 우선 그녀는 홈즈의 도우미 정도가 아니라 홈즈보다 더 면밀하게 사체를 관찰하고 감식하는 실력을 가졌을 뿐만 아니라 논리적인 추리력까지 갖춘, 홈즈와 대적할 만한 파트너라는 점이다. 게다가 둘은 한 집에 살지만 왓슨이 홈즈를 위해 빨래를 한다거나 요리를 하지도 않는다. 왓슨이 정형화된 아시아 여성 이미지-순종적이고, 가사 일에 능하며, 여성적인-로 보이게 하지 않으려고 제작자들도, 루시 리우 자신도 애쓰는 것이 역력해 보인다. 다만 이 매력적이고 싱글인 두 젊은 남녀 사이의 동거에서 아무런 로맨스도 기대하지 않는다면 그게 더 이상한 일일 것이다! 제작자들 역시 둘 사이의 로맨스와 성적 긴장감을 드라마의 극적 재미로 삼는 듯하다. 늦잠을 잔 왓슨은 간밤에 자기 방에 들어온 홈즈가 알람시계 두 개를 모두 꺼놨다는 사실을 알고 난감해하기도 하고, 자신의 휴대전화 속 부모의 사진을 보고 아버지가 바람피웠었다는 사실을 알아챈 홈즈의 추리력에 놀라기도 한다. 자신이 애써 감춰왔던 트라우마들을 너무 빨리 쉽게 알아차리는 이 남자에게 왓슨은 압도당하고 불쾌감까지 느껴 동반자 일을 그만두겠다고 선포하지만 오페라 극장까지 찾아와 같이 있어줄 것을 진심으로 애원하는 홈즈에게 마음을 풀기도 한다. 이렇듯 매 에피소드마다 드러내놓고 로맨틱한 장면은 피하면서도 홈즈와 왓슨 사이에 서로의 가족사나 아픔에 대해 알아가는 장면을 하나씩 삽입함으로써 홈즈와 왓슨이 더 긴밀한 파트너로 발전해가는 모습을 보여주는 것은 이 드라마만의 재미이기도 하다.

아시아 여성이 백인 남성의 숨은 조력자로 등장하는 이미지는 나비부인 이미지와 드래건 레이디 이미지의 흥미로운 조합이다. 어떤 임무를 수행하는 백인 남자주인공을 도와주는 아시아 여성이 백인 남성과 내연의 관계이거나 서로의 매력에 끌리면서 둘은 공모자가 되어 임무를 완수하지만 둘 사이의 사랑이 이루어지지는 않는다는 점에서 기본 구도와 비극적 결말은 나비부인식 이야기와 대단히 유사하다. 그러나 아시아 여성이 지략과 매력이 넘치며 치명적인 성적 매력도 지니고 있다는 점에서는 드래건 레이디와 상통한다. 이런 구조의 이야기에 등장하는 아시아 여성은 종종 자기 자신이 이루고 싶은 목표도 따로 있다. 그 목표를 이루기 위한 전략의 일환으로 서양 남성을 돕다 보니 거기서 로맨스가 싹트게 되는 것이다. 그러다 보니 이 아시아 여성의 사랑도 혹시 목적을 이루기 위한 수단이 아닌지 모호한 경우가 많아서 처음엔 일시적으로 드래건 레이디 타입의 팜므 파탈처럼 비치기도 한다. 그러나 결국 그녀의 순수한 의도와 희생적인 사랑으로 백인 영웅은 목적을 달성하고 이 비운의 아시아 여성은 자신의 사랑을 고백하며 비극적인 최후를 맞는 경우가 대부분이다. (물론 〈엘리멘트리〉에 비극적인 최후는 없을 테니 안심하시길.)

당분간 몇 시즌을 계속할 것으로 보이는 〈엘리멘트리〉는 백인 남성 영웅, 아시아 여성 조력자의 공식이 결과적으로 득이 될지 해가 될지를 실험하며 인기를 지속할 것으로 보인다. 그러나 결말에서 홈즈와 왓슨의 로맨스가 이루어지는 것으로 끝을 내거나 각자의 길을 가는 것으로 끝을 내거나 어느 쪽이든 예리한 시청자들의 비판의 목소리를 면하기는 어려울 것 같다. 지나치게 로맨스를 회피한다면 미국 사회에 팽배한 아시아 여성에 대한 이미지를 너무 의식했다고 지적당할 것이고 그 반대로 두 사람의 로맨스를 암시하며 끝내면 처음부터 무모한 캐스팅이었다고 분개했던 시청자들의 공분을 사며 "내 그럴 줄 알았어."라는 비난을 면하지 못할 테니까. 〈엘리멘트리〉야말로 단순한 재미로 여겨질 수 있는 드라마에서조차 다인종사회에서는 인종재현의 문제가 얼마나 민감한 사안인지를 보여주는 흥미로운 경우다.

# 셰익스피어,
# 그리고 클레오파트라

"세월도 그녀를 시들게 하지 못하고,
관습조차 무한히 변화무쌍한 그녀의 매력을 퇴색시키지 못한다."
— 셰익스피어 〈안토니와 클레오파트라〉 2막 2장

역사적으로 백인 영웅의 조력자였다가 비극적 최후를 맞이하며 사랑 때문에 목숨까지 바치는 것으로 재현되었던 가장 유명한 인물은 바로 클레오파트라다. 엄밀히 말해 클레오파트라는 아시아 여성은 아니다. 클레오파트라 7세는 기원전 69~30년에 생존했던 고대 이집트의 마지막 파라오였다. 그녀는 알렉산더 황제의 뒤를 이어 이집트를 통치한 역사적으로 가장 유명한 여성 통치자 가운데 한 명으로 인종적으로는 아시아 여성이 아니다. 그럼에도 르네상스부터 18세기 후반 유럽문화에서 그녀는 동양 여성을 대표하는 가장 이국적인 여성상이었다. 이집트가 북아프리카에 있는지 동방에 있는지 당시 유럽인들의 지리적 개념이 모호한 이유도 컸을 뿐만 아니라 '동양'의 이미지가 지리적이기보다는 관념적이고 문화적인 것이기에 가능했던 현상이다. 근대에 접어든 19세기까지도 대다수의 서구인들은 클레오파트라를 동양 여인으로 인식하였고 20세기 접어들어 영화 속에 등장한 클레오파트라의 이미지도 이교도의 이국성이 한껏 강조된 것이었다.

## 동방의 클레오파트라

클레오파트라를 유명하게 만든 일등공신은 단연 영국 르네상스시대 희곡작가 윌리엄 셰익스피어다. 셰익스피어가 활동하던 16세기 후반 르네상스 유럽은 서양 역사상 최초로 여행을 통해 다른 문화권에 대한 관심이 폭발적으로 높아지던 시대였다. 중세유럽의 가장 주된 여행 목적이 기독교인들의 종교순례였다면 르네상스 시기 여행의 주목적은 상업적인 이유였다. 르네상스 유럽과 가까운 동방의 다른 지역과의 사이에 무역이 빈번히 행해지면서 이국적인 동방에 대한 이야기와 경험담들은 르네상스 유럽 사람들에게 늘 인기가 있었다. 르네상스 유럽인들이 주로 '동방'이라고 일컬은 곳은 지금의 북아프리카나 이슬람 문화권의 나라들이었다. 연극 무대에서 동방을 재현할 때는 주로 탄지에르, 카이로, 제루살렘 같은 화가들의 그림에 등장한 색깔이나 질감을 모방하거나 페르시아에 대해 묘사한 책의 이미지를 차용하기도 했다.

1555년 메리여왕의 궁정에서 공연된 니콜라스 우달의 〈터키 행정관의 마스크Masque of Turquish Magistrate〉에 관한 묘사를 보면 당시 르네상스 유럽 귀족들이 즐겼던 동양의 이미지를 어느 정도 짐작할 수 있다. 이 공연에서는 열여섯 명의 터키 남성들이 마스크를 쓴 채 여신들을 상징하는 열여섯 명의 여성무희들과 군무를 춘다. 댄서들은 목에 두른 헝겊목걸이와 거들을 제외하고는 거의 몸매를 드러낸 의상을 입고, 남성들은 터키를 상징하는 거대한 터번을 쓰고 등에는 활과 창을 부착한 모습이다. 이러한 설정은 당시 르네상스 영국의 귀족들이 상상하는 '동양'의 이미지를 만족시켜주는 연출이었겠으나 이슬람교도들인 터키 남성들이 여신들과 군무를 춘다는 설정부터가 터키의 종교, 문화적 배경과는 거리가 먼 것이었다. 그러나 이렇게 역사적, 문화적 사실과는 거리가 먼 이국적이고 성性적인 공연들이 궁정이나 귀족들의 연회에서 반복되면서 르네상스 당시 공연실무자들의 동양에 대한 이미지를 왜곡시키는 악순환이 계속되었다.

〈엘리자베스 시대 희곡에 등장한 동양인들〉을 주제로 논문을 쓴 루이스 완Louis Wann에 따르면 1558년에서 1642년 사이 동양을 소재나 주제로 다룬 희곡이 47편 정도 있었다고 한다. 동양을 주제로 한 작품만을 주로 쓴 작가들이 따로 있었던 것은 아니지만 엘리자베스 시대 관객들의 동양에 대한 관심 때문에 어느 극단이나 한두 번쯤은 동양에 관한 극을 올렸다. 흥미로운 것은 이 47편의 희곡 가운데 3분의 2가 비극이었는데 주로 "전쟁, 정복, 형제간의 살해, 욕정, 배반"을 소재로 하고 있다. 셰익스피어와 함께 르네상스를 대표하는 영국의 희곡작가 크리스토퍼 말로Christopher Marlowe 역시 자신의 희곡에서 무슬림 통치자들과 터키 왕의 탐욕을 강조하기 위해 동방의 비단과 보석, 터키산 카펫들에 대해 언급하는데 그의 문학작품에서도 동양은 진기한 보석들이 넘쳐나는 퇴폐적인 이교도 이미지가 강조되고 있다.

셰익스피어 역시 〈베니스의 상인〉, 〈오셀로〉, 〈안토니와 클레오파트라〉

〈시저 앞에 선 클레오파트라〉, 장—레옹 제롬(1866).

같은 자신의 연극에서 동양적인 의상과 소품을 적극 차용했다. 극작술이
나 구성면에서 완벽한 완성도를 자랑하는 셰익스피어의 희곡에서도, 말
로의 작품과 유사하게 동양인들은 퇴폐적인 부, 배신, 잔혹, 거짓 계율이
난무하는 이교도 집단으로 그려진다. 통치자들 스스로의 난잡함이나 이율

배반적인 행위로 인해 대부분 몰락하는 비극적인 문명의 땅이 아시아의 지배적인 이미지였다. 셰익스피어는 서양 희곡사에서 가장 먼저 유색인종 주인공을 등장시킨 희곡작가로도 유명하다.

백인 장군의 딸과 사랑에 빠져 결혼하지만 이아고의 계략에 빠져 결국 불행한 결말을 맞는 무어인 오셀로와 로마의 황제 시저, 안토니와 사랑에 빠졌던 이집트의 여왕 클레오파트라가 대표적이다. 셰익스피어의 역사극 가운데 하나인 〈안토니와 클레오파트라〉(1601)는 클레오파트라에 대한 불멸의 이미지를 남기는 데 지대한 공헌을 한 작품이라고 할 수 있다. 셰익스피어는 역사 속 인물인 클레오파트라를 시대를 앞서간 야심찬 통치자이자 담대한 여성으로 재현하고 있지만 궁극적으로는 정치와 로맨스, 국가와 자신의 욕망 사이에서 좌충우돌하며 스스로 소멸되는 비극의 여주인공으로 묘사하고 있다. 셰익스피어가 묘사하는 클레오파트라의 이미지와 안토니우스, 시저와의 관계는 훗날 이 전설적인 이집트 여왕이 할리우드 영화나 뮤지컬에서 어떤 이미지로 등장하게 될지, 방향타를 설정해준 기준이 되었다.

클레오파트라는 인종적으로 그리스계이거나 아프리카계 흑인의 피가 섞였을 것이라는 추측이 있다. 황제인 아버지가 궁 안의 다른 여성과의 관계에서 클레오파트라를 잉태했을 가능성이 많은 것으로 추정된다. 클레오파트라가 서양문화 속에 재현된 역사를 보면 그녀가 얼마나 이국적인 오리엔탈리즘과 강력히 결부되어 있는지 알 수 있다. 서양인들이 지닌 오리엔탈리즘 속의 동양은 지리적인 특정 지역이 아니라 신비하고 이국적이며 성적 환상이 집약된 정체불명의 가상공간이기 때문이다. 그 환상이 투영되는 지역도 이집트, 페르시아, 아랍, 인도처럼 시시각각 변하는, 관념적인 공간임을 알 수 있다. 전설적인 인물 클레오파트라는 수많은 문학작품과 그림, 영화, 공연의 소재가 되었는데 문학에서는 셰익스피어가 가장 먼저 클레오파트라에 대한 불멸의 이미지를 구축한 작가라고 할 수 있다. 그의 뒤를 이어 영국의 시인이자 희곡작가인 존 드라이든도 《사랑에다 바쳐All for Love》(1678)란 작품으로, 조지 버나드 쇼는 《시저와 클레오파트라Caesar and Cleopatra》(1901)에서, 이후 수많은 할리우드의 영화와 뮤지컬들이 클레오파트라를 주인공으로 한 작품들을 만들어내면서 그녀는 명실상부 역사상 가장 유명한 여성 아이콘이 되었다. 클레오파트라의 코가 1인치만 낮았어도 세계의 역사가 달라졌을 것이란 말이 암시하듯 아이콘으로 등극한 클레오파트라의 이미지는 그녀의 외모와 그 외모가 암시하는 성적 매력과 결부되어 있다.

역사 속의 실제 클레오파트라는 위기의 이집트를 여러 번 위험에서 구한 전략적인 전술, 외교능력의 소유자였으며 수사학과 글쓰기에 능한 통치자로서 마땅히 재조명 받아야 할 인물이다. 그럼에도 불구하고 많은 문학작품과 영화들은 클레오파트라의 전설적인 미모와 시저, 안토니를 유혹할 정도의 위트와 매력, 독사에 물려 사망한 비극적 죽음에 관한 이야기들만을 선정적으로 강조함으로써 그녀를 이교도 팜므 파탈의 전형으로 만들었다. 뒤의 사진들은 20세기 할리우드 영화들이 당대 최고의 미녀 배우들을 클레오파트라 역에 캐스팅함으로써 정치가, 외교관, 통치자, 네 자녀의 어머니로서의 이미지보다도 치명적이고 섹시한 팜므 파탈의 이미지만을 강조한 모습을 엿볼 수 있다.

클레오파트라 역을 맡았던 테다 바라(1917), 클로뎃 콜베르(1934)
비비안 리(1945), 엘리자베스 테일러(1963), 모니카 벨루치(2002).

# 위험이 도사린 유혹의 공간

흥미로운 것은 그녀의 이국성이 르네상스, 계몽주의를 거쳐 거의 '동양'의 이미지와 중첩되어 있다는 사실이다. 앞서 지적한 대로 서양은 나일강 주변의 북아프리카까지도 자신들과 같은 헬레니즘, 헤브라이즘 문명권이 아니라는 이유로 동방, 동양으로 인식하고 있었고, 이집트는 늘 신비하고 이국적인 동양의 이미지와 중첩되는 특징을 보였다.

이러한 시각적 재현은 1980년대를 주름잡았던 스티븐 스필버그 감독의 영화 〈레이더스〉나 〈인디애나 존스〉 시리즈에서도 잘 드러난다. 이 영화에서는 이집트, 페루 등 고고학자들의 흥미 대상으로 등장하는 고대문명이 주로 이교도들의 신비하고 위험스런 이미지로 묘사된다. 고대 로마인들에게 이집트가 '동양'이었듯 르네상스 시대 영국인들에게 클레오파트라는 이국적인 '동양' 여성이다. 탈식민주의 이론가이며 셰익스피어 학자인 이경원 교수는 셰익스피어가 묘사하는 클레오파트라야말로 이국적인 오리엔탈리즘의 표상으로 로마제국이 클레오파트라의 이집트를 타자화하면서 제국의 욕망을 채워나갔듯, 영국 관객들 역시 영국 르네상스 시대 셰익스피어가 무대에 올린 클레오파트라의 이미지를 통해 동양을 비롯한 식민지를 타자화하며 이국주의에 대한 욕망을 충족시켰을 것이라고 지적한다.

유럽의 문학과 예술에서 비유럽지역을 문명이 도래하기 이전 고대문명의 신비로운 마법의 땅이자 동시에 위험이 도사리는 유혹의 공간으로 묘사하는 경향은 르네상스를 거쳐 계몽주의 시대인 18세기로 접어들면서도 더욱 체계화된 양상으로 지속된다. 중국계 미국인 학자 리사 로우Lisa Lowe

에 따르면 18세기 유럽이 동방을 이국적이고 비문명화된 다른 세상으로 묘사한 이유는 유럽 스스로를 지적이고 안정되며 강력한 문명이라 믿고 싶었던 욕구 때문이었다고 한다. 급격하게 변화하기 시작한 유럽사회 내부의 변화, 예컨대 영국 내의 종교적 갈등과 의회의 확장, 산업혁명으로 인한 노동자 계급의 증가, 프랑스의 앙시앙 레짐Ancien regime 해체로 인한 계급사회의 붕괴, 왕정에 대한 도전, 농노들의 반란 등, 급속한 산업화, 도시화, 인구이동과 지리적 팽창이 유럽사회를 불안정하게 만들면서 유럽사회 전체가 헤게모니를 유지하려는 욕구로 가득 차 있었던 시기가 바로 18세기였다. 사회적 계급위계에 변화가 오면서 그 불안감을 해소하기 위해 유럽의 중산층 남성들은 자신들의 정체성에 대한 확신과 욕망의 투영 대상이 될 만한 상대가 필요했다.

급속도로 산업혁명이 진행되던 18세기 유럽은 급격한 도시화, 기계화로 인해 전통적인 농경사회가 해체되면서 수많은 농노들이 고향을 떠나 도시노동자로 변모하는 전환의 시기를 맞았기 때문이다. 각 도시마다 단기간에 폭발적으로 증가하게 된 공장들은 노동력을 필요로 했으며 남성들은 집을 떠나 공공의 영역에서 일하는 노동자가 된 반면 아이를 낳고 키워야 하는 임무는 여성에게 맡겨지면서 남성과 여성 사이에 노동의 분화가 더욱 분명하게 이루어졌다. 남성은 공적 영역에서 경제활동을, 여성은 사적 영역에서 가사노동을 담당하며 유럽의 근대가 현대사회로 전환되어 가던 시기, 남녀관계는 더욱 공고히 가부장적인 사회로 이분화되었고 새로이 출현한 신대륙 아메리카와의 전쟁과 긴장은 비서구문명을 더욱더 타자화하려는 유럽중심주의로 드러난다. 그리하여 뒤이어 도래하는

19세기는 우리가 알고 있는 거의 모든 종류의 "~이즘"이 등장하는, 제국주의imperialism, 식민주의colonialism, 이국적 낭만주의exotic romanticism의 문제적인 시대가 되었다.

# 1924년판 아라비안나이트

## 〈바그다드의 도적〉

이곳에서는 이방인이 한 남자의 아내나, 딸, 자매 등
그 집안의 어떤 여자와 내키는 대로 해도 분개할 일이라고 여기지 않는다.
오히려 이방인이 자기 집안의 여자와
잠자리를 같이하는 것을 호의라고 생각한다. – 마르코 폴로

    제국주의, 식민주의, 이국적 낭만주의 경향은 20세기 대중문화의 꽃이라고 할 수 있는 영화에도 그대로 투영되기 시작한다. 1924년에 제작된 〈바그다드의 도적The Thief of Bagdad〉은 2백만 달러의 제작비를 들인 2시간 20분 길이의 무성영화 시대 최고의 블록버스터였다. 더글러스 페어뱅크스가 제작, 대본, 주연까지 겸한 이 영화는 《아라비안나이트》에서 소재를 차용해 바그다드의 도적 아메드가 칼리프의 딸과 사랑에 빠져 벌이는 온갖 모험담을 그리고 있다.

    1920년대 할리우드에서 제작된 영화 가운데 가장 많은 제작비를 들인 작품답게 할리우드에 실제 사이즈의 아라비아식 궁전을 지어 촬영했을 뿐만 아니라 하늘을 나는 마술 밧줄, 마술 카펫, 하늘을 나는 말 등 수많은 특수효과가 동원되었다. 2008년 아메리칸 필름 인스티튜트는 고전 할

리우드 영화 가운데 탑 10 베스트 필름을 선정했는데 1,500명의 선정단
은 이 작품을 판타지 장르영화 중 9번째 베스트 작품으로 뽑았다. 게다가
1940년, 1961년, 1978년 등 거의 잊힐 만하면 같은 제목으로 리메이크되
는 영화가 바로 〈바그다드의 도적〉이다.

이 영화에 등장하는 무성영화시대 최초의 아시아계 미국 여배우 안나
메이 윙이야말로 나비부인과 드래건 레이디가 결합된 비극적 조력자 역
할을 완벽히 수행한다. 윙은 공주와 결혼하려는 왕자의 계략을 돕는 몽골
출신의 노예 역을 맡아 왕자와의 로맨스는 없다. 하지만 윙이 백인 공주
의 곁에서 시중을 들며 자신이 흠모하는 왕자를 위해 위험을 무릅쓰고 임
무를 수행할 때 노예인 그녀가 공주에 대한 질투와 선망이 덧대어져 주인
공이 아님에도 윙은 이 영화에서 상당히 강렬한 인상을 남긴다.

칼리프의 딸인 공주의 결혼 상대자로 세 명의 왕자들이 등장하는데 인
도 왕자 역할은 미국인 남자배우 노블 존슨이, 페르시아 왕자 역할은 프
랑스 출신 여배우 마띨드 코몽이 뚱뚱한 왕자로 분해 연기했고, 몽골 왕
자 역에는 일본인 남자배우 소진이 등장한다. 공주는 세 명의 구혼자 가
운데 몽골 왕자의 모습을 보자마자 혐오감에 사로잡혀 공포심마저 느끼
는데 때마침 바그다드의 도적인 아메드가 왕자와 같은 복색으로 등장하
자 기쁨에 찬 시선으로 그를 바라본다. 장미나무를 가장 먼저 손댄 왕자
가 남편이 될 거라는 예언자의 뜻과 오랜 전통에 따라, 그날 밤 공주는 아
메드를 남편으로 선택하는데 몽골 왕자는 스파이를 통해 아메드가 왕자
가 아니라 한낱 도적에 불과하다는 사실을 알아내고 이를 왕인 칼리프에
게 알린다. 몽골 왕자의 스파이는 바로 공주의 몸종이었던 몽골 출신의

노예였고 그 역할을 맡은 여배우가 바로 안나 메이 웡이다.

　분노한 칼리프는 아메드에게 거대한 원숭이가 갈가리 찢어 죽이게 하는 참형을 언도하지만 공주가 간수들을 매수해 겨우 아메드를 위험에서 구해낸다. 왕인 칼리프는 자신의 딸 공주에게 새 남편을 선택하라고 요구하고 난감해하는 공주에게 몽골의 노예 몸종은 시간을 끌라고 일러주면서 일곱 번의 달이 지나고 공주에게 가장 희귀한 선물을 가져오는 왕자를 선택하라고 조언한다. 자신의 능력으로는 도저히 공주의 남편이 될 가망이 없다고 판단한 아메드는 좌절하며 예언자를 찾아가는데 예언자는 그에게 왕자가 될 수 있다며 숨겨진 보물이 있는 곳을 알려준다. 한편 인도 왕자는 원하는 세상의 무엇이든 비춰주는 마술의 수정 구슬을, 페르시아 왕자는 하늘을 나는 카펫을 가져오는데 몽골 왕자는 뜻밖에도 자신의 부하군인들을 짐꾼으로 변장시켜 바그다드로 보낼 계략을 꾸민다. 알고 보니 칼리프의 딸과 결혼하는 것은 부가적인 목표였을 뿐 그의 원래 목적은 바그다드 전체를 손에 넣으려는 것이었다. 어떤 병이나 죽음까지도 다 고칠 수 있는 마술사과를 손에 넣은 몽골 왕자는 자신의 스파이인 공주의 몸종에게 공주를 독살할 것을 명령한다. 예언자가 알려준 여정을 따라 엄청난 보물을 발견한 아메드는 투명인간으로 만들어주는 마술망토를 손에 넣게 되고 서둘러 바그다드로 향한다. 바그다드로 향하던 중 길에서 만난 세 명의 왕자는 수정 구슬을 통해 공주가 아프다는 사실을 알게 되고 마술카펫을 타고 날아가 마술사과를 먹인 뒤 그녀를 살려낸다. 세 왕자가 서로 자신의 보물 때문에 공주가 살아났다고 주장하자 공주는 세 보물 모두 나머지 두 보물의 도움이 없었더라면 아무짝에도 쓸모없었을 거라고

영화 〈바그다드의 도적〉의 포스터(1924).

지적한다. 공주의 몸종은 공주가 그리워하는 아메드를 수정 구슬로 보여 주고 공주는 자신의 아버지를 설득해 미래의 남편감은 아메드여야만 한다고 애원한다. 위기감에 사로잡힌 몽골 왕자는 그날 비밀리에 도시로 진격해 시 전체를 손아귀에 넣을 계략을 꾸민다. 아메드가 바그다드 입구에 도착하자 이미 도시를 점령한 몽골 군대가 그를 저지하고 아메드는 오래 간직해온 마술 파우더를 이용해 몽골 군인들을 해산시킨다. 몽골 왕자는 부하에게 명령해 아메드를 죽이려 하지만 아메드는 투명망토를 이용해 공주를 구하고 바그다드를 몽골 군인들로부터 해방시킨다. 감사의 뜻으로 칼리프는 공주를 아메드와 결혼시키며 이 긴 모험담은 해피엔딩으로 끝난다.

## 뿌리 깊은 공포심

이 1920년대판 액션 어드벤처 영화는 20세기 초반 버전의 '알라딘' 이야기에 황인종에 대한 뿌리 깊은 공포심을 곁들였다는 사실이 흥미롭다. 몽골 왕자는 인도, 페르시아 왕자들과 달리 바그다드를 송두리째 집어삼키려는 정치적 야심과 계략의 소유자로 앞의 두 왕자보다 더 극악하고 권모술수에 능한 인물이다. 그는 주도면밀하게 자신의 스파이를 공주의 몸종으로 심어두고 사랑마저도 정치적 야심의 일환으로 삼는 잔인한 사람이다. 동화 같은 이 이야기에서 유일하게 전혀 낭만적이지 않은 공포의 대상이다.

안나 메이 웡이 연기하는 몽골 노예는 비록 조연이긴 하지만 순수하게 아메드를 사랑하는 공주와 대조되어 훨씬 더 간악한 드래건 레이디 타입으로 등장한다. 그러나 그런 희생에도 그녀에게는 아무런 보상이 주어지지 않은 채 결말에서 손쉽게 제거된다는 점에서 나비부인식 이야기와 비슷한 개운치 않은 뒷맛을 남긴다. 고전 할리우드 영화에서 아시아 여성이 누구와도 사랑을 이루지 못하는 것은 아시아인의 핏줄이 더 늘어날 것에 대한 우려를 일거에 차단하는 기제로 작동해왔다. 나비부인식 이야기에서 초초산이 핀커튼을 따라 미국에 갈 수 없는 것은 그녀가 미국 사회의 일원이 되는 것을 대다수의 관객들이 원치 않기 때문이다. 영화가 타인종 간 로맨스를 장려함으로써 언젠가는 아시아인의 핏줄을 지닌 후예들이 미국 사회의 일원이 될 것이라는 불안감을 심어주면 안 되었기 때문이다. 실제로 타인종 간의 로맨스나 신체적 접촉을 보여주는 영화는 1960년까지 미국 대부분의 주에서 금지되었다.

## 미국식 영웅주의, 〈람보〉

1980년대를 풍미한 실베스터 스탤론의 〈람보〉 시리즈 가운데 1985년 영화 〈람보Ⅱ Rambo : First Blood Part II〉는 백인 남성 영웅을 위해 모든 것을 바치는 아시아 여성의 전형을 보여준다. 과거 자신의 상사였던 트라웃맨 중령의 도움으로 감옥에서 나온 람보에게 새로운 임무가 주어진다. 베트남에 인질로 잡혀 있는 동료가 있는 곳의 사진을 찍어오라는 단순한 임무였지만 람보는 혼자서 인질을 구출해올 심산으로 베트남으로 떠난다. 그곳에서 베트남의 민간인 여성 전사인 코 바오를 만나게 되는데 그녀는 베트콩들에게 아버지를 잃은 아픔을 간직한 채 복수에 나선 용감하고 아름다운 베트남 여성이다. 람보는 보이는 적군은 가차 없이 기관총으로 휘갈기는 뚝심을 보이고 그의 총 앞에 수많은 베트콩이 쓰러진다. 결국 람보는 베트콩들에게 잡혀 고문을 당하다 겨우 탈출하고 총격전 끝에 그를 도와왔던 유일한 조력자이자 파트너였던 코 바오가 람보를 겨냥한 총탄을 막다가 그의 품에 안겨 죽는다.

미국식 영웅주의 영화에서 한국과 일본을 포함한 극동 아시아 지역과

베트남을 포함한 인도차이나 반도는 언제나 전쟁 중이거나 전쟁의 후유증에서 벗어나지 못한 혼돈의 세계다. 이런 식의 이야기 구조 속에서는 서양 남성을 향한 동양 여성의 목숨을 건 헌신적인 사랑만이 유일하게 동양에서 건져낼 가치가 있는 것이고 동양의 나머지 것들은 모두 무의미하거나 아예 없어져야 할 방해물로 존재한다. 〈람보〉와 같은 영화에서, 백인 남성과 아름답고 헌신적인 동양 여성과의 사랑이 비극으로 끝맺게 되는 것은 서양 남성 때문이 아니라 그녀를 억압하고 옥죄었던 과도한 동양적 가치, 극단적 이데올로기(〈람보〉의 경우 공산주의)이거나 동양 남성들이다. 백인 영웅은 이데올로기를 초월해 휴머니즘적 희생정신으로 고귀한 인명을 구출하려는 임무를 수행하거나 악의 위협 앞에서 전 세계를 구원해야 할 임무를 부여받은 사람들이라면 아시아 여성은 동족의 칼이나 총탄 앞에 자신의 가족, 부모를 잃고 그 원수를 갚기 위해 백인 남성의 조력자가 되기를 자처한 인물로 등장한다. 그 둘에게는 공통의 적이 대부분 아시아 남성들이다. 〈람보〉의 코 바오처럼 백인 남성의 조력자가 되어 동족 남성들에게 총을 겨누는 아시아 여성들의 존재는 서양의 영웅이 아시아에서 싸워야 할 명분을 제공하는 기제로도 해석될 수 있다. 이런 베트남 영화들은 공산주의 이데올로기에 매몰되어 인간성을 상실한 베트콩들의 극악무도함이 동족 아시아 여성에게까지 얼마나 큰 상처와 아픔을 안겨주었는지를 보여줌으로써 백인 영웅의 전쟁이 정당성을 갖는 것임을 암시한다. 조력자였던 아시아 여성은 끝내 목숨까지 바치며 영웅을 도움으로써 영화에 비장미를 더하고 전쟁이나 악행의 무모함을 강조하는 기제로 이용된 채 비극적인 최후를 맞는다.

## 1. 셰익스피어와 할리우드 영화 속 클레오파트라

이 주제에 관해서는 조윤경 박사의 학위논문 〈Reproducing the 'Infinite Variety': Cleopatra's Metamorphoses and the Discourse of Orientalism〉 (연세대학교, 2011)이 가장 최근 자료다. 이 논문은, 역사 속 인물인 클레오파트라를 여신과 창부의 양극단을 오가는 극적인 인물로 묘사한 작가가 바로 셰익스피어였음을 밝힌다. 그의 희곡을 통해 탄생한 이미지가 이후 17세기 영국 희곡작가 존 드라이든, 19세기 극작가 버나드 쇼를 통해 약간의 변형을 거치긴 했지만 비운의 여주인공 이미지로 반복 재현되어 왔음을 추적한다. 논문의 후반부에서는 할리우드 영화가 시각적으로 재현해낸 클레오파트라의 이국적이고 성적인 이미지와 최근 한국 뮤지컬에 등장한 클레오파트라 모두 표면적인 이미지의 변형에도 불구하고 근본적으로는 오리엔탈리즘적 재현의 한계를 지니고 있음을 지적하고 있다.

# 모델 마이너리티,
# 앵커우먼 스테레오타입

코니 정과 수많은 아시아 앵커우먼들

7

미국 정부는 모델 마이너리티로서의 아시아 이민자들의 이미지를 적극 홍보함으로써 다인종 사회인 미국의 유색인종들에게 미국 사회가 원하는 바람직한 이민자상을 제시하려 하였다. 문제는 동아시아 이민자들을 모델 마이너리티로 조명하기 시작한 미국의 주류 미디어 때문에 아시아인들에 대한 다른 유색인종 집단의 질시와 갈등이 심화되었다는 사실이다. 1992년대에 촉발된 L.A.폭동도 로드니 킹 사건, 두 순자 사건을 비롯한 구체적인 계기가 있었지만 자신들의 쌈짓돈을 가져가 돈을 벌어 성공하는 한인 이민자들에 대한 흑인들의 반감과 갈등이 심화되어 터진 사례다.

# 미국의 아시아 여성

## 코니 정 신드롬

> "그들은 대놓고 머리가 자라는데 얼마나 걸릴지를 물었고,
> 불쾌하긴 했지만 나도 최대한 협조적으로 머리야 언제든지 금방 자랄 거라고 대답했다.
> 이번에는 화장에 대해 얘기하며 분장 팀에게 데려가서 좀 더 '이국적'인 이미지로 만들라고
> 주문하는 걸 듣고 정말 분노하지 않을 수 없었다." – 에메럴드 예

　베이비붐 세대의 미국인 열 명중 여덟, 아홉 명은 코니 정Connie Chung이 누군지 알 것이다. 1993년부터 2002년까지 십여 년을 메인 앵커 댄 래더Dan Rather와 함께 CBS 저녁 뉴스를 진행했던 아시아계 미국 여성 앵커다. 전 미국 방송사를 통틀어 ABC의 바바라 월터스Barbara Walters 이후 가장 먼저, 가장 오랫동안 저녁 뉴스 진행을 맡았던 인물이다.

　그녀는 모든 저널리스트의 선망의 대상이 될 만큼 부와 명예, 사회적 성공을 모두 이룬 인물이었다. CBS가 십여 년간 그녀에게 얼마의 연봉을 지불했는지는 잘 알려지지 않았지만 2002년 CNN으로 자리를 옮겨 〈코니 정 투나잇〉을 진행할 당시 그녀의 연봉은 2백만 달러였다. 흠잡을 데 없이 깨끗한 피부, 이지적인 화장, 굵은 웨이브의 단발머리에 세련된 정장을 입은 그녀가 CBS 이브닝 뉴스의 시그널 뮤직과 함께 화면에 나타날 때

아시아계 최초의 메인 앵커로 활약한 코니 정.

면 백인 남성, 백인 여성 앵커에 식상했던 시청자들이 하나둘씩 CBS 뉴스
로 채널을 고정하기 시작했고 코니 정 덕분에 CBS는 여성, 유색인종을 차
별 없이 앵커에 기용하는 열린 방송사로 인식되어 시청률 향상에도 긍정
적인 영향을 미쳤다. CBS는 1986년부터 이미 자기 방송사의 대표적인 프
로그램 〈오프라 윈프리쇼〉의 성공을 통해 유색인종 여성 진행자가 폭넓게
시청자 층에 어필할 수 있다는 사실을 알고 있었다.

워싱턴 D.C.에서 태어나고 자라 메릴랜드대학교를 졸업한 코니 정의
성공 배경에는 그녀의 남편 모리 포비치Maury Povich가 있다고 얘기하는 사
람들도 많다. 루퍼트 머독이 1986년 여러 매체를 인수하면서 Fox 채널에
신설한 뉴스매거진 프로그램 〈커런트 어페어A Current Affair〉에 젊은 모리 포
비치을 진행자로 앉히면서 그는 일찌감치 성공가도를 걸어온 저널리스트

겸 앵커였다. 1991년부터 1997년까지 포비치가 진행한 〈모리 포비치 쇼〉
는 간통, 배신, 이성애자가 숨겨둔 동성애 애인, 동시에 네 남자와 관계를
맺어 아이의 아빠가 누구인 줄 모르는 미혼모 등 선정적인 내용의 TV 타
블로이드 쇼로 화제를 모았다.

　모리 포비치와 코니 정은 1994년 결혼했고 2005년 부부는 NBC의 케이
블채널인 MSNBC 주말 뉴스 프로그램인 〈위크엔드 위드 모리 앤 코니〉의
공동 진행을 맡기도 했지만 시청률이 낮아 6개월 뒤 소리 없이 막을 내
렸다. 이 30분짜리 주말 뉴스 프로그램 마지막 방송에서 코니 정은 어깨
를 드러낸 흰색 인어 모양 드레스를 입고, 그랜드 피아노 위에서 여러 포
즈를 취하며 춤추고 노래하는 고별방송을 내보내 6개월간의 프로그램 자
체보다 더 큰 논란과 화제를 모았다. 카메라에 대고 엉덩이를 흔들고 자
신의 남편을 찬양하는 노래 가사에 음정도 맞지 않는 노래 실력이 결합된
코니 정 인생 최악의 무리수였다. 코니 정은 자신들의 프로그램이 얼마나
인기가 없었는지를 알고 있었기에 스스로 프로그램과 자신에 대해 패러
디를 하려고 한 것이었다고 해명했지만 시청자들은 코니 정이 앵커로서
의 이미지를 포기한 것 아니냐는 반응을 보였다.

　코니 정의 전성기였던 1990년대에도 그녀의 부적절한 언행 때문에 그
녀는 〈새터데이 나이트 라이브Saturday Night Live〉 같은 코미디 프로그램의
패러디 소재가 되기도 했다. 1990년대 중반 가장 대표적인 스캔들은 나중
에 공화당 대선후보가 된 뉴트 깅그리치가 국회대변인 시절, 깅그리치의
어머니인 68세의 캐서린 깅그리치를 인터뷰하면서였다. 코니 정은 깅그리
치 여사에게 아들이 영부인인 힐러리를 어떻게 생각하느냐는 질문을 던

진다. 잠시 망설이던 깅그리치 여사에게 코니 정은 "우리 둘만 알게 저한 테만 살짝 속삭여주세요."라고 하자 방송에 안 나가는 줄 알았던 깅그리치 여사는 아들이 힐러리를 "bitch!(개 같은 년)"라고 불렀다고 말했고 그 인터뷰 전체가 방송되었다. 시청자들은 코니 정이 자신의 인터뷰를 위해 나이든 깅그리치 여사를 속이는 부도덕한 짓을 저질렀다고 비난했다.

이런 모든 비난에도 코니 정은 의연하게 대처하는 배짱의 소유자였다. 그랜드 피아노 위에서 춤추고 노래한 부적절한 클립에 대해서도 자신은 젊은 시절부터 뮤지컬 스타일로 패러디하는 것을 즐겨왔으며 자신이 노래하는 걸 남편도 엄청나게 싫어하기 때문에 더욱 즐긴다고 대답했다. 그러나 이런 최근의 해프닝에도 불구하고 1990년대 그녀의 인기는 최고였다. ABC, CBS의 〈이브닝 뉴스〉, NBC의 〈투데이 쇼〉, CNN의 〈코니 정 투나잇〉의 메인 앵커우먼이자 인기 있는 토크쇼 〈데이비드 레터맨〉, 〈제이 레노〉 등의 단골출연자였던 그녀만큼 잘 알려진, 인기 있는 여성 저널리스트도 드물 것이다.

코니 정이야말로 1990년대 중반부터 불기 시작한 아시아 여성 앵커 전성시대를 가져온 장본인이었다. 그녀의 성공적이고 긍정적인 활약 덕분에 미국 각 주도의 지역 방송사들도 1990년대 중반 아시아 여성 앵커를 기용하는 곳이 눈에 띄게 많아졌다. ABC는 리사 링, 캐롤 린을 기용했고 캐롤린은 코니 정의 뒤를 이어 CNN에도 진출한다. ABC의 자넬 왕, 리즈 조, 키린 카리드, 비니타 네이르, FOX 뉴스의 크리스티나 박, 우마 페마라주, 델짓 다리왈, CBS의 베티 누엔, 하리 스리니밧산, CNN의 리즈 칸, 제인 버지, 패티 트리팟디, 키란 쳇트리, 모니타 라즈팔, 안잘리 라오, 알리

벨시, 파리드 자카리아, KING의 로리 마추카와, 일리사 한, 미미 정, 캐시 기요무라, KCPQ의 크리스틴 첸, 줄리 리, 드니스 나카노, KIRO의 마곳 김, 크리스티 리, 스테이시 사카모토, KOMO의 줄리 오가타, 코네티컷 지역방송의 헤나 다니엘스, 필라델피아의 에이디티 로이, 미니애폴리스의 비니타 쇼카, 로스앤젤레스 ABC 뉴스의 줄리 첸 등 하루 저녁 미국 텔레비전 채널을 돌리다 보면 아시아 여성 앵커들 여러 명을 쉽게 발견할 수 있다. 미국 공영방송, 케이블 방송사를 모두 합해 가장 인기 있는 뉴스 방송사 25개 가운데 106명의 아시아계 앵커들이 있는데 흥미롭게도 아시아 출신 여성 앵커는 86명, 남성 앵커는 20명 정도라고 한다. 대부분의 방송사들이 아시아 출신 앵커우먼을 선호한다는 사실을 알 수 있다. 그러니 이런 현실을 두고 미국 내에서는 '코니 정 신드롬'이라고 할 만도 하다. 코니 정 이후로 아시아계 여성 앵커들이 폭발적으로 늘어났다는 것이다.

샌프란시스코 지역방송에서 앵커를 맡고 있는 에머럴드 예Emerald Yeh는 다큐멘터리 〈슬레잉 더 드래건Slaying the Dragon〉에서 자신이 CNN과 처음 인터뷰했던 경험을 떠올리며 이렇게 말했다.


"24시간 뉴스채널인 CNN에서 정말 일하고 싶었기 때문에 인터뷰를 대비해 나는 모든 준비를 마쳤다. CNN의 역사와 최근 뉴스커버의 경향에 대해서도 얘기할 준비를 마치고 심지어 바람직한 인터뷰 자세에 관한 정보들까지 모두 섭렵하고 인터뷰 장소에 갔는데 놀랍게도 나를 처음 본 순간 CNN 중역들의 첫 마디는 '비디오테이프 속 모습과 다르네.'였다. 인터뷰를 대비해 머리를 좀 짧게 잘랐는데 그런 내 모습이 마음에 들지 않았던

거다. 그들은 대놓고 머리가 자라는데 얼마나 걸릴지를 물었고, 불쾌하긴
했지만 나도 최대한 협조적으로 머리야 언제든지 금방 자랄 거라고 대답
했다. 이번에는 화장에 대해 얘기하며 분장 팀에게 데려가서 좀 더 '이국
적'인 이미지로 만들라고 주문하는 걸 듣고 정말 분노하지 않을 수 없었
다. 그래도 인터뷰를 당하는 입장에서 화를 낼 수도 없어서 오랫동안 억
압된 분노를 간직할 수밖에 없었다."

## 소비되는 아시아적 이미지

에메랄드 예는 이 인터뷰에서 당시 대부분의 방송사들이 아시아계 앵
커우먼을 기용하면서 원했던 이미지는 '코니 정'이었다고 말한다. 코니 정
만큼의 미모, 지성, 인지도를 원했던 방송사들은 아시아계 앵커들을 기용
할 때마다 드러내놓고 코니 정의 헤어스타일, 메이크업, 의상을 기준으로
지원자를 비교했던 것이다. 코니 정 신드롬은 그녀가 NBC 뉴스를 진행하
기 시작한 1987년을 시작으로 1990년대 말까지 지속되었다.

21세기 초인 지금도 미국 방송계에서는 아시아계 여성 앵커의 활약이
두드러진다. 그렇다면 방송사는 왜 아시아 여성 앵커를 선호할까. 가장 큰
이유는 메인 앵커맨이 대부분 백인 남성이기 때문에 아시아 여성과의 조
합이 가장 자연스러워 보인다고 생각하기 때문이다. 실제로 유색인종 남
성 앵커에 백인 여성 앵커우먼의 조합은 거의 없다. 게다가 인종적으로
아시아계 여성은 다른 유색인종과 백인 시청자 모두를 균형 있게 아울러
어필할 수 있는 인종이자 젠더로 여겨진다. 백인 진행자들로만 구성된 앵

커 팀은 유색인종 시청자 층의 외면을 받을 수 있다. 그렇다고 아프리카계 여성 앵커를 기용하기에는 백인 남성 진행자와 여성 진행자 사이에 지나치게 피부색의 차이가 강조되어 부자연스러워 보일 수 있다. 반면 아시아 여성 앵커들은 라틴 아메리카계열 피부색과도 유사하고 검거나 짙은 갈색 머리칼도 여러 인종들에게 친숙해 보여 궁극적으로 여러 층의 유색인종 시청자들에게 골고루 어필할 수 있는 장점이 있다. 아시아 여성들의 작은 얼굴과 마른 체격이 카메라 프레임에 더 적합하고 보기 좋아서라는 이유도 있다. 실제로 인터넷에는 미국 시청자들이 만든 "가장 섹시한 아시아계 앵커 여성 5인의 명단", "가장 아름다운 아시아계 앵커우먼 10인" 등 자신들이 선호하는 아시아계 앵커 여성들의 명단을 올려둔 사이트들이 여럿 있다. 그만큼 아시아 여성 앵커우먼 이미지는 미국 대중문화에서 낯설지 않다는 얘기다.

# 모범적인 소수민 이미지

## 아시아계 앵커우먼

"저는 미국에 불법으로 들어왔으니 저를 둘러싼 모든 계약은 다 무효입니다."
– 〈꽃북의 노래〉 중에서

　대부분 미국에서 태어난 2, 3세대의 아시아계 앵커들은 자신의 부모세대에서 흔했던 중국식, 한국식, 베트남식 악센트가 전혀 없는 완벽한 영어를 구사한다. 아프리카계나 라틴계 2, 3세대들이 흑인영어 또는 스페인어식의 악센트를 일상적으로 쓰면서 방송에는 부적합한 발음을 갖는 경우가 종종 있다면 놀랍게도 대부분의 아시아계 학생들은 가장 정확하고 문법에 맞는 영어를 구사한다. 대부분의 아시아계 미국인 젊은 세대들에게 언어에 대해 물으면 학창 시절부터 영어만큼은 완벽하게 말하려고 애써왔다고 대답한다. 아시아인들은 영원한 이방인이고 영어를 못한다는 고정관념이 미국 사회에 존재하기 때문에 그러한 고정관념에서 벗어나려고 어렸을 때부터 영어만큼은 정확하고 완벽하게 말하려고 애썼던 것이 몸에 배게 되었다는 것이다. 실제로 아시아계 유학생이 아닌 아시아계 미국인들은 대부분 대단히 명쾌하고 정확한 영어를 구사한다. 아시아계 이민자 부모들이 비교적 교육 정도가 높고 자녀들의 언어교육에 더 많은 시간과 에너지를 쏟는 것도 또 하나의 이유일 것이다. 결과적으로 저널리즘 분야에 지원하는 아시아계 리포터나 앵커들은 다른 인종들보다 높은 학력을 지녔거나 좋은 학교 출신들이 많다.

## 모델 마이너리티

저널리즘 분야는 끊임없이 정보를 습득하고 공부하는 데에 게을리 해서는 안 되는 분야이기 때문에 대부분의 방송사 간부들은 아시아계 리포터와 앵커들을 선호하는 편이다. 아시아계 이민자들은 부지런하고 열심히 공부하며 성공지향적인 사람들, 즉 모범적인 '모델 마이너리티Model Minority'로 여겨지기 때문이다.

아시아계 부모들은 사농공상의 고정관념을 가지고 있어 자신의 자녀들이 농업, 이공계, 상업 등의 분야로 가기보다 법학, 의학 등을 공부하기를 희망하는 경우가 많다. 그들은 자녀를 변호사, 의사와 같이 미국 주류사회에 빨리 진입할 수 있는 전문가로 만들고 싶어 했다. 따라서 교육열과 교육에 투자하는 비율이 다른 이민 집단보다 높았다. 1990년대 후반 미국 내 아시아인 인구 비율이 4퍼센트를 조금 웃도는 정도였다면 대학에 재학 중인 아시아인의 비율은 항상 8퍼센트에 육박할 정도로 타인종에 비해 아시아계 이민자들의 대학진학율도 높았다. 아시아인들이 모여 있는 차이나타운이나 일본타운, 한인지역은 다른 이민자들의 지역에 비해 범죄율이 낮았고 수입도 안정되어 납세율도 높았다. 그러니 미국정부 입장에서는 성실히 일해 높은 세금을 내며 지역의 슬럼화도 막고 사회적 불만도 표출하는 일이 거의 없는 아시아계 이민자들이야말로 미국 내 다른 유색인종 집단이 따라해줬으면 좋을 만한 모범적인 소수자 집단으로 보였다.

아시아인들이 모델 마이너리티로 불리는 게 무엇이 문제일까. 첫째는 소수 이민자들이 성공하지 못하는 근본 원인을 미국 사회구조나 인종차별 의식에 두기보다 유색인종 본인들에게 전가하려는 전제 때문이다. 게으르고 노력하지 않아서 성공하지 못할 뿐 아메리칸 드림은 여전히 가능하다고 믿는 의식은 여전히 교육받을 기회조차 갖지 못하는 흑인이나 라틴계 이민자들에게는 불공평할 수 있다. 둘째는 소수 이민자들에게 입학, 고용, 프로그램 지원 등에 있어서 더 이상 특혜를 주어서는 안 된다고 주장하는 사람들이 모델 마이너리티들의 일부 성공사례를 일반화하는 논리로 자주 사용하기 때문이다. 셋째로는 유색인종들 사이에 경쟁심을 유발시켜 다른 인종들이 아시아 이민자들에게 적대감을 갖게 하는 결과를 초래하기 때문이다. 실제로 미국 정부는 모델 마이너리티로서의 아시아 이민자들의 이미지를 적극 홍보함으로써 다인종사회인 미국의 유색인종들에게 미국 사회가 원하는 바람직한 이민자상을 제시하려 하였다. 문제는 동아시아 이민자들을 모델 마이너리티로 조명하기 시작한 미국의 주류 미디어 때문에 아시아인들에 대한 다른 유색인종 집단의 질시와 갈등이 심화되었다는 사실이다. 1992년대에 촉발된 LA사건도 로드니 킹 사건, 두순자 사건을 비롯한 구체적인 계기가 있었지만 자신들의 쌈짓돈을 가져가 돈을 벌어 성공한 한인 이민자들에 대한 흑인들의 반감과 갈등이 심화되어 터진 사례였다.

## 아시아의 여성을 보는 두 가지 시선

그렇다면 아시아계 이민자들에 대해 모범적인 소수집단이라는 모델 마이너리티 이미지가 형성된 것은 언제부터일까. 19세기 미국에서 만들어진, 기이하고 가난하고 이해할 수 없는 노동자의 이미지였던 동아시아인들이 어느 순간을 기점으로 가장 성공한 이민자들로 바뀌었을까. 물론 여러 가지 이유가 함께 작용했지만 미국 대중문화에서 모범적인 소수 이민자로서의 아시아인들의 이미지를 처음 소개한 작품은 뮤지컬 〈꽃북의 노래〉다.

아시아계 이민자 재현의 역사에서 중요한 위치를 차지하는 영화로 여러 가지 의미에서 '최초'의 타이틀을 많이 가진 작품이다. 우선, 아시아계 미국인을 다룬 최초의 영화라 할 수 있다. 1950년대까지 할리우드 영화에 등장한 아시아인들은 대부분 '아시아의 아시아인'들이었다. 영화의 공간적 배경이 일본, 중국이었고 그곳에 사는 아시아 여성들이 주로 영화에 등장했다. 미국 사회에 살고 있는 '아시아계 미국인'들을 다룬 영화는 〈꽃북의 노래〉가 최초인 셈이다. 차이나타운이 영화 전체의 배경이 된 것도 이 영화가 최초다. 원작소설부터 작품에 등장하는 배우들까지 모두 아시아인들이 참여한 것도 최초다.

그러나 무엇보다도 이 영화를 상업적으로 성공하게 만든 요인은 바로 미국을 대표하는 뮤지컬 듀오 리처드 로저스와 오스카 헤머스타인 2세가 만든 합작품이란 사실이다. 작곡가 로저스와 작사가 헤머스타인의 합작으로 만들어진 뮤지컬들이 〈오클라호마〉, 〈카루젤〉, 〈남태평양〉, 〈왕과 나〉, 〈사운드 오브 뮤직〉이다. 제2차 세계대전 직후 1940~50년대 미국문화계를 주름잡았던 이 두 재능 있는 남성들 덕분에 미국은 브로드웨이와 할리우드가 일찍부터 원소스 멀티유즈One Source Multi-Use를 실현하는 전통을 만들기도 했다. 즉 브로드웨이에 오른 성공적인 뮤지컬을 할리우드 영화로 만들고 할리우드에서 성공한 배우들을 기용해 다시 브로드웨이 리바이벌 뮤지컬을 공연할 정도로 로저스와 헤머스타인 뮤지컬은 20세기 중반 미국문화계의 슈퍼 파워였다. 〈꽃북의 노래〉가 영화로 만들어진 것은 앞에 언급한 모든 뮤지컬로 명성을 얻은 그들이 1959년 〈사운드 오브 뮤직〉을 공연한 2년 뒤, 1961년이었으니 바야흐로 로저스와 헤머스타인의 전성기였다.

이들과 동시대에 미국 뮤지컬을 대표하는 또 한 사람의 인물은 레너드 번스타인이었다. 작곡가이자 지휘자였던 번스타인은 이미 1957년 〈로미오와 줄리엣〉을 각색한 〈웨스트사이드 스토리〉로 미국적인 색깔의 뮤지컬을 선보였다. 뉴욕시 북쪽의 라틴계 이민자들 거주 지역에 사는 푸에르토리코계 이민자의 딸이 백인 갱단의 청년과 사랑에 빠지는 이야기는 지금껏 유럽 뮤지컬에서는 볼 수 없었던 미국 색채를 아름다운 음악에 실어 제대로 보여준 성공작이었다. 로저스와 헤머스타인은 1957년 텔레비전 방송용 뮤지컬 〈신데렐라Cinderella〉를 완성했지만 같은 해 초연된 번스타인의 〈웨스트사이드 스토리〉는 로저스와 헤머스타인 두 거장에게도 큰 자극제가 되었을 것으로 추정된다. 1950년대 내내 남태평양, 아시아, 북유럽 등

대부분 이국적인 외국공간을 배경으로 뮤지컬을 썼던 로저스와 헤머스타인으로서는 미국 내의 소수 인종자들을 소재로 한 뮤지컬을 기획해봐야겠다는 생각을 하지 않을 수 없었고 〈웨스트사이드 스토리〉의 역동적인 안무, 군무의 영향을 받아 다음 작품인 〈꽃북의 노래〉에서 안무와 군무의 비중도 훨씬 높였다.

〈꽃북의 노래〉의 원작자 C. Y. Lee(본명 Chin Yang Lee)는 중국 쿤밍의 국립 남서연합대학에서 1940년 예술학사를 받은 뒤 3년 후 미국으로 건너와 예일대에서 1947년 예술석사를 받았다. 《꽃북의 노래The Flower Drum Song: A Novel of San Francisco's Grant Avenue》는 C. Y. 리가 1957년에 쓴 첫 번째 소설이다. 이후 리는 샌프란시스코 차이나타운 신문인 〈차이니스 월드Chinese World〉와 〈영 차이나Young China〉의 저널리스트로 활동하면서 희곡을 쓰고 싶었지만 첫 작품은 소설이었다. 이 소설이 1957년 베스트셀러가 되면서 미국 영화사 최초로 전 배역을 아시아계 배우들이 공연한 로저스와 헤머스타인의 뮤지컬이 제작되었다. 이 영화는 낸시 콴, 제임스 시게타, 잭 수와 같은 아시아계 배우들이 주류 할리우드 영화로 진출하는 계기가 되었다. 주류 미국 사회는 반겼던 리의 소설을 급진적인 1960년대 후반의 아시아계 미국인들은 문제작이라며 낮게 평가했다. 아시아인에 대한 정형화된 이미지를 보여주고 작품 속에 등장하는 아시아인들이 지나치게 백인 사회에 동화되려는 '엉클 톰' 이미지였다는 것. 그러나 1990년대 이후 리의 소설에 대해 다른 평들이 대두되었다. 1950년대 후반 1960년대 초반이라는 미국 사회 맥락에서 보면 시대를 앞선 감성이 깃든 내용에, 전 배역이 아시아인들로 구성된 획기적인 작품이었다는 평가다. 〈엠. 버터플라이M. Butterfly〉

의 작가로 유명한 데이비드 헨리 황은 2001년 10월 로스앤젤레스의 마크 테이퍼 포럼극장에서 리와의 공동 작업으로 〈꽃북의 노래〉를 각색해 21세기 버전 뮤지컬로 다시 무대에 올렸다. 황의 공연은 그다지 성공적이진 않았지만 작가 C. Y. Lee의 업적을 재평가하는 계기가 되었다. 1917년생인 리는 지금도 캘리포니아 알함브라에 거주하고 있다.

샌프란시스코 차이나타운에 거주하는 부유한 중국인 망명자 왕치양의 외아들 왕타가 주인공이다. 그는 아버지가 강요하는 중국식 가치와 뿌리를 존중하면서도 미국 사회에 동화되어 미국식으로 성장한 젊은이다. 뮤지컬이 시작되면 첫 장면에서 중국처녀 메이 리(미요시 우메키)가 학자인 아버지와 밀항으로 샌프란시스코 항구에 도착한다. 메이 리는 나이트클럽을 소유하고 있는 새미 퐁의 어머니 요청으로 새미 퐁과 결혼하기 위해 온 사진신부picture bride다. 그러나 새미는 나이트클럽 인기 댄서인 린다(낸시 콴)에게 마음이 있다. 새미는 평소 친분이 있는 리앙 부인에게 혹시 조카가 장가갈 나이가 아니냐며 참한 아가씨가 있으니 왕치양 어르신께 데려가 보여 드리는 게 어떠냐고 떠본다. 리앙 부인은 흔쾌히 제안을 받아들여 메이 리와 그녀의 아버지를 자기 형부에게 데려가 소개한다. 전통과 예절을 중시하는 메이 리가 마음에 든 왕치양은 자신의 맏아들과 혼사시킬 마음으로 메이 리 부녀를 자기 집에 머물게 한다. 한편 왕치양의 맏아들 왕타는 같은 대학 친구들과 그룹미팅에서 만난 아가씨에게 온통 마음을 뺏겨 그녀에게 데이트를 신청하고 첫 드라이브와 첫 키스를 즐긴 뒤 늦은 밤 집에 돌아온다. 그의 데이트 상대는 나이트클럽 댄서 린다다. 린다는 자신의 신분을 감추고 가짜 이름과 꾸며낸 집안이야기로 왕타의 마음을 흔들어 놓는다. 늦은 밤 집에 돌아온 왕타는 혼자서 정원을 거닐던 메이 리와 마주쳐 인사를 나누고 메이 리는 첫눈에 왕타를 좋아하게 된다. 왕타의 학위수여식과 졸업파티가 왕치양의 정원에서 있던 날, 린다는 새미가 파티에 와 있다는 사실도 모른 채 가짜 오빠와 함께 파티에 나타나 왕타에게 해군장교라며 오빠를 소개하고 왕타는 결혼하고 싶은 아가씨라며 린다를 아버지께 소개한다. 이 모든 것을 몰래 지켜본 새미는 린다에게 배신감을 느끼고 복수를 결심한다. 그는 왕타 가족들을 나이트클럽에 초대해 맨 앞자리 테이블에 앉게 한다. 린다는 아무것도 모른 채 다른 날보다 더욱 선정적인 춤을 추며 공연하고 나이트클럽 댄서인 린다의 본모습을 알게 된 왕타는 충격으로 술을 마신 뒤 인사불성이 되어 평소 왕타를 흠모하던 봉제사의 집에서 하룻밤을 보내게 된다. 왕치양 어르신의 구멍 난 재킷을 맡기러 봉제사의 아파트에 들른 메이 리는 우연히 왕타의 신발과 자신이 왕타에게 선물했던 장미꽃이 꽂힌 왕타의 재킷을 발견하고 그만 샌프란시스코를 떠나기로 마음먹는다. 한편 사진 속의 신부 메이 리가 도착했다는 사실을 뒤늦게 알게 된 새미 퐁의 어머니는 차이나타운 역사 이래 가장 화려한 새미와 메이 리의 결혼식을 준비한다. 결혼식 전날 밤 우울한 마음으로 텔레비전을 보던 메이 리에게 왕타가 찾아와 자신이 지금 가장 사랑하고 싶은 사람은 메이 리라고 고백하고 둘은 첫 키스를 나눈다. 다음 날, 화려한 축하행렬이 차이나타운의 대로를 지나 결혼식장에 도착하고 결혼서약을 하려던 순간, 메이 리는 간밤에 보았던 텔레비전 영화 속 여주인공의 대사대로 "저는 미국에 불법으로 들어왔으니 저를 둘러싼 모든 계약은 다 무효입니다."라며 새미 퐁과의 정혼 계약

〈꽃북의 노래〉 속 린다 콴.

도 무효임을 선포한다. 막 취소되려던 결혼식은 한 쌍 대신 두 쌍의 합동 결혼식으로 끝을 맺는다.

이 영화에서 메이 리와 린다는 대조적인 두 아시아 여성의 이미지를 보여준다는 점에서 주목할 만하다. 둘 다 노래하고 춤추는 재능으로 생계를 유지한다는 점에서는 같지만 메이 리는 어른을 존중하고 중국의 전통을 중시하며 위급할 때에는 기지를 발휘할 줄 아는 현명함도 갖춘 아가씨다. 그녀가 부르는 영화의 주제곡 〈꽃북의 노래〉는 중국의 전통 타악기인

북소리로 장단을 맞추는, 이국적이고 낯설지만 매력 있는 단음조의 노래다. 반면 린다는 서구적인 외모와 뇌쇄적인 몸짓으로 나이트클럽 사장 새미 퐁을 비롯한 뭇 남성들의 눈길을 끄는 마력의 소유자이면서 거짓말을 잘하고 담배를 피우며 불같은 성미지만 새미와 결혼해 가정을 이루기를 원하는 소박한 꿈의 소유자이기도 하다. 결국 대조적인 이미지의 두 아시아 여성 모두 한 남성의 아내가 되어 가정을 이루기를 꿈꾸며 결혼을 궁극적인 행복의 종착지로 생각한다는 점에서는 일치한다. 메이 리를 연기한 미요시 우메키와 린다 역의 낸시 콴, 두 여성은 고전 할리우드 영화시대 아시아 여성을 대표한 두 상반된 이미지를 가장 잘 보여주는 여배우라 할 수 있다. 나비부인식의 순종적이고 지고지순한 미덕의 소유자인 미요시 우메키 이미지와 남성을 유혹하며 뒤에서는 음모를 꾸미는 강렬한 성적매력의 소유자인 드래건 레이디에 가까운 낸시 콴 이미지. 이 대조적인 두 인물이 1980년대 후반까지 미국 내 아시아 여성 재현의 역사를 가장 잘 드러내는 이미지였다.

문제적일 수 있는 여성 이미지에도 불구하고 이 영화 속 차이나 타운은 오늘날의 비버리 힐즈만큼이나 부유하고 풍요로운 미국적 공간으로 묘사된다. 왕치양의 대저택 정원은 대리석 바닥과 잘 가꾸어진 화초, 분수가 있는, 브런치와 파티의 공간이고 왕치양의 아들들은 백인친구들과 클럽댄스, 야구를 즐긴다. 이 영화 속 중국계 이민자 자녀들은 미국사회에 완전히 동화된 단계를 넘어 성공적으로 시스템에 안착한 경찰, 해군장교, 사업가로 등장한다. 〈꽃북의 노래〉는 미국영화의 아시아 재현의 역사에서 모델 마이너리티 이미지를 최초로 선보인 전환점이 된 작품이다.

## 1. 모범적인 소수민 이미지

영어로는 'Model Minority Myth'라고 한다. 한 사회의 인종적 소수자 집단 가운데 가장 범죄율이 낮고 교육열은 높으며 경제적으로 성공한 집단을 'model minority'라고 하는데 미국에서는 주로 유대인들과 아시아계 이민자들을 가장 모범적이고 성공적인 집단으로 간주한다. 1960년대 후반부터 〈뉴욕 타임스〉와 같은 대표적인 미디어들이 'model minority'라는 용어를 쓰기 시작하면서 일반화되었는데 1970년대와 1980년대를 거치면서 이 용어를 둘러싼 논란이 제기되었다.

모델 마이너리티 이미지를 기정사실화하고 적극 활용한 것은 미국 정부였다. 정치가들은 모범적인 소수민 이미지를 앞세워 미국의 이민자집단은 열심히 노력만 하면 누구나 아메리칸 드림을 이룰 수 있고 주류사회로 진입할 수 있다고 강조하였다. 그도 그럴 것이 아시아계 이민자들은 실제로 대학진학율과 대학원 진학율이 압도적으로 높았다. 또한 차이나타운, 일본인 타운, 코리아타운의 가게들은 영업시간이 길고 수입이 더 높았으며 그만큼 세금도 더 많이 냄으로써 자신들의 거주지역의 경제적 가치도 높이고 있었다. 미국 주류사회는 상대적으로 여전히 범죄율이 높고 교육열이 낮은 아프리카계나 남미 이민자들을 독려하기 위한 수단으로 모델 마이너리티 이미지를 이용하는 듯했다.

그러자 대학에서 연구를 수행하는 학자들, 그 가운데에서도 아시아계 학자들은 모범적 소수민 이미지에 반론을 제기하기 시작한다. 아시아계 이민자들이 모범적인 소수자들처럼 보이는 듯하지만 주류 정계나 경제 분야의 리더로 진출하는 확률이 낮다는 것을 실제 통계자료를 통해 보여주면서 모델 마이너리티 이미지는 실체가 없는 하나의 신화적 믿음myth일 뿐이라고 지적하기 시작한 것이다. 그도 그럴 것이 아시아인들이 성공한 집단이라는 인식 때문에 상대적으로 박탈감이나 열등감을 느낀 흑인들의 아시아인에 대한 반감은 뿌리 깊어졌고 이러한 소수인종집단간의 갈등이 폭발한 것이 1992년 LA사태였다. 게다가 대중문화가 만들어낸 아시아계 이민자들의 조용하고 저항적이지 않은 이미지가 모델 마이너리티 이미지와 결합되어 아시아계 이민자들에게조차 심적 부담이자 억압적 기제로 작용하고 있다는 것을 간파한 아시아계 학자들은 더욱 적극적으로 모델 마이너리티가 허상임을 주장하는 논문들을 써냈다. 긍정적이든 부정적 이미지이든 실제와 다른 과도한 획일적 이미지는 모두 억압으로 작용해 결국은 그 인종에 속하는 모든 개인들의 차이와 다름을 인정하지 않게 만들 수 있음을 우려했기 때문이다. 1980년대까지의 치열한 논쟁 결과 1990년대 이후 '모델 마이너리티'라는 말은 아시아계 이민자들에 대한 칭찬으로 간주되기보다는 하나의 스테레오타입으로 분류되고 있고 그래서 모델 마이너리티라는 말 다음에 신화라는 의미의 'Myth'가 항상 따라붙고 있다.

# 포스트모던 스펙터클

페티시, 모방, 향수의 대상이 된 아시아 여성

8

인류 역사상 가장 오래된 직업이 몸을 파는 매춘이라는 말이 있듯이 여러 작품들 속에 등장한 동양 여성들은 한결같이 성적 서비스에만 종사하고 있다. 이 재현의 역사를 들여다보면 동양 여성들은 남성에게 성적 위안을 제공하고 봉사하는 데 남다른 재주가 있고 서양 여성들처럼 '골치 아픈 여권 운동 따위'에 '물들지 않아' 원시적이고, 순수하며, 복종적이어서 최고의 성적 파트너라는 서구 남성의 '환상'이 자리하고 있다. 허구의 세계가 워낙 오랜 세월을 두고 재현되고 반복되어서인지 많은 서양인들의 마음속에 새겨진 동양 여성에 대한 실제 이미지는 이러한 연극, 영화 속의 이미지와 크게 다르지 않다.

# 아메리칸 아시안의
# 문화적 격변

"역사를 모르면 아무것도 모르는 것이다. 자신이 나무의 일부임을 모르는 이파리와 같다."
— 마이클 크리치톤(1942 – 2008), 미국의 소설가

1960년대 후반 미국은 역사상 가장 큰 사회문화적 격변기를 맞이한다. 특히 1960년대 시민혁명을 "68혁명"이라고 부를 정도로 1968년은 미국 사회에 굵직한 변화들이 일어난 해였다. 1968년 4월 아프리카계 미국인들의 정신적 지주였던 시민운동가 마틴 루터 킹 목사가 테네시에서 암살당한다. 아프리카계 젊은이들이 인종적 편견에 항거하는 시위는 계속되었고 4월 11일 존슨 대통령은 인종차별을 금지하는 'Civil Rights Act'에 서명하였다. 6월 5일에는 케네디 대통령의 동생인 로버트 케네디 뉴욕 주 상원의원이 암살당한다. 미국인들은 자국을 대표하는 정치가와 정신적인 지도자를 잃은 충격에 휩싸였다.

1963년에 출간된 베티 프리단의 《여성의 신비Feminine Mystique》가 불을 붙이기 시작한 여성주의 운동은 1968년 미국 역사상 최초의 미인선발대회

반대시위로 가시화되었다. 뉴욕 주 미스 아메리카 미인선발대회 시위장 앞에서 여성단체들이 여성의 몸을 상품화하는 미인선발대회를 반대하는 시위를 주도했고 이 시위대의 모습이 신문과 방송에 보도되면서 사람들은 처음으로 대중문화에 얼마나 많은 문제적인 이미지들이 존재하고 있는지 깨닫기 시작한다. 1971년부터 여성운동가 글로리아 스타이넘이 창간한 잡지 〈미즈Ms.〉가 미국 페미니즘 운동의 구심점이 되었다. 대외적으로는 인도차이나반도에서 베트남 전쟁을 벌이고 있던 미국 장병들이 목숨을 잃고 전쟁이 장기화되자, 더 이상 이데올로기에 입각해 남의 전쟁에 끼어드는 일이 없기를 희망한 미국 내 베이비붐 세대들은 반전운동을 벌이기 시작한다. 베트남 전쟁에 반대하는 반전운동이 대학가 주변에서는 거친 시위로 표출되었고 핵무기 개발에 대한 반대, 평화를 주장하는 시위대들, 반문화운동과 히피들의 등장으로 정부와 대기업, 자본주의에 대한 반감과 불평도 증폭되었다. 반전운동은 모든 기성세대들의 정치·사회·문화 이데올로기에 반대하는 반문화운동으로 표출되었고 반문화운동은 히피들에 의해 주도되었다.

반문화운동이 영화계에 미친 영향은 아메리칸 뉴시네마로 나타났다. 지금껏 '꿈의 공장Dream Factory'으로 불리며 장르영화로 수많은 미국인들에게 현실 도피적인 재미를 주었던 할리우드 영화도 더 이상 예전과 똑같은 로맨틱 코미디, 서부영화, 영웅담으로 관객을 만족시킬 수는 없었다. 제2차 세계대전 직후 1945년부터 태어나기 시작한 미국의 베이비부머Babyboomer들은 부모세대가 즐겼던 고전 할리우드 영화의 예측 가능한 권선징악적 플롯과 캐릭터를 그대로 즐기기에는 많이 배웠고 정치적으로 의식화되었으며 인종, 성, 계급관계에 민감한 세대였다. 아메리칸 뉴시네마는 1960년대 후반에서 1970년대 초반에 등장하기 시작한 새로운 미학과 주제를 담은 영화들을 말한다. 〈우리에게 내일은 없다Bonnie & Clyde〉(1967), 〈졸업 The Graduate〉(1967), 〈이지 라이더Easy Rider〉(1969), 〈미드나잇 카우보이Midnight Cowboy〉(1968), 〈내일을 향해 쏴라Butch Cassidy & Sundance Kid〉(1969), 〈대부The Godfather〉(1972)와 같은 일련의 영화들은 1960년대 이전 고전시대 할리우드 영화와 다른 특징을 보인다. 고전 할리우드 영화가 낙관적인 미국의 모습을 보여주었다면 뉴시네마는 암울한 미국의 사회적 모순, 꿈을 잃은 젊은 이들의 현실비판을 담은 것이 특징이었다. 전통적으로 사회주류에 속하는 주인공이 아닌 갱단, 은행털이범, 마피아, 히피들이 영화 주인공이 되어 공권력을 조롱하고 기성세대의 가치관이나 규율, 통제에 저항하는 모습을 담은 것도 특징이었다. 이러한 뉴시네마의 새로운 경향은 고전 할리우드 영화 시기에서 가장 암울한 비전을 선보였던 1940, 50년대 느와르 영화에 대한 새로운 관심을 불러일으켰고 1970년대부터 등장한 네오느와르 영화는 이전과 달라진 미국, 파편화되고 암울한 미국 사회를 보여주는 범죄영화들을 선보이기 시작했다. 네오느와르 영화들은 2차 대전 직후 유행했던 1940년대 느와르 영화 전통을 되살려 어둡고 암울한 범죄와 음모, 팜므 파탈과 같은 느와르 영화 공식을 되살렸다.

## 느와르 영화 속의 암울한 공간 : 차이나타운

실제로 아시아계 미국인들 커뮤니티에도 변화는 있었다. 1960년대에 걸쳐 인구도 점차 늘어나고 경제적인 호황을 누리던 차이나타운은 1968년을 기점으로 인구가 폭발적으로 늘어났다. 68시민혁명의 영향으로 그동안 차이나타운에 가해졌던 인구제한 쿼터가 대폭 늘어났기 때문이었다. 1970년대 미국은 2차 대전 직후만큼이나 문화적, 사회적으로 전환점을 맞으며 불확실한 미래에 대한 불안감이 컸던 때였다. 1970년대 네오느와르 영화는 1940~50년대 느와르 영화의 공식을 그대로 따르면서 정부, 공권력에 대한 불신과 부유층의 도덕적 타락을 사건에 휘말린 사립탐정의 암울한 시선으로 포착하기 시작했다. 경찰도, 정부도, 시스템도 개인을 보호하거나 구원해줄 수 없다는 불안감과 고립, 소외의 느낌은 고전 느와르 영화와 유사했지만 미국 사회가 인종적, 성적, 계급적으로 더 파편화된 공간으로 표출된다는 점이 네오느와르 영화의 특징이었다. 다인종사회인 미국의 문제를 표출하기 위해서 슬럼가로 변한 이민자들의 집단 거주지역이나 공권력이 미치지 않는 범죄소굴로 차이나타운을 배경으로 즐겨 삼았다.

1974년 로만 폴란스키 감독이 연출한 〈차이나타운Chinatown〉은 1970년대 네오느와르 영화를 대표하는 작품이자 차이나타운을 범죄, 음모의 온상으로 나타내기 시작한 첫 영화라고 할 수 있다. 에블린 멀레이(페이 더너웨이)라는 여성이 사설탐정 제이크(잭 니콜슨)에게 찾아와 자기 남편의 내연관계를 파헤쳐 달라고 부탁한다. 에블린의 남편 호리스 멀레이는 로스앤젤레스 수도 전력담당 부서의 최고책임자다. 호리스의 뒤를 밟아 그가 젊은 여성과 함께 있는 사진을 찍어 신문사에 보낸 뒤 의기양양해 있는 제이크에게 자신이 에블린 멀레이라며 또 다른 여성이 찾아온다. 그녀는 명예훼손죄로 제이크를 고소하겠다고 말한다. 음모에 휘말렸다는 생각에 일단 호리스를 만나봐야겠다고 생각하던 제이크는 경찰인 에스코바로부터 호리스의 시신이 호수에서 발견되었다는 소식을 전해 듣는다. 사건을 조사하던 중 제이크는 수문에서 매일 밤 엄청난 양의 물이 방류되지만 반대쪽 땅은 말라 있음을 수상히 여긴다. 그런데 조사 도중 제이크는 의문의 사나이가 휘두른 칼에 코를 베인다. 자기 사무실로 돌아온 제이크는 처음 자신을 에블린이라고 속였던 젊은 여배우로부터 전화를 받고, 에블린의 아버지 노아 크로스(존 허스튼)가 죽은 호리스의 동업자였다는 사실을 알게 된다. 제이크는 노아의 재산을 추적하던 중 산 페르난도 밸리 북서쪽의 수많은 오렌지농장의 소유주들이 최근 바뀌었다는 사실을 알고 땅 소유주들을 찾아가지만 분노한 농장주들에게 폭행을 당한다. 농장주들은 제이크가 댐물을 대주지 않고 근처의 저수지에 독을 풀어 자기네들을 농장에서 쫓아내려 한 음모를 꾸민 수도 사업부 직원 중 한 명이라고 생각했기 때문이다. 제이크는 에블린의 도움을 받아 호리스의 장례식에 참석했던 사람들의 명부를 조사하다 산 페르난도 밸리의 새 소유주가 된 사람이 있음을 발견하고 그를 찾아 나선다. 그러나 조 일당들에게 쫓겨 제이크는 에블린과 함께 그녀의 집으로 피신하고 서로의 몸에 난 상처를 돌봐주다 침대에서 사랑을 나눈다. 다음 날 아침, 에블린은 서둘러 짐을 싸서 자기 집을 떠나며 자신의 아버지는 위험한 사람이라고 경고한다. 에블린의 차를 몰래 따라간 제이크는 전에 본 적 있는 젊은 아가씨와 에블린이 같이 있는 것을 보고 둘 사이의 관계를 캐묻는다. 에블린이 여전히 뭔가를 숨기고 있다고 생각한 제이크는 진실을 말하라며 그녀의 뺨을 수차례 때리고 에블린은 마침내 그녀는 자신의 딸 캐서린이며, 캐서린은 자기의 딸이자 자매라고 소리친다. 에블린은 자신의 아버지 노아로부터 지속적인 성폭행을 당해 딸까지 낳았던 것이다. 게다가 노아는 이제 캐서린의 몸까지 노리고 있다. 제이크는 에블린과 캐서린을 멕시코로 달아날 수 있게 돕기로 마음먹는다. 그는 에블린에게 차이나타운에 있는 그녀의 집사 집에서 만나자고 말하고 노아에게 호리스의 내연녀를 찾았으니 호리스의 집으로 오라고 말한다. 호리스의 시신이 발견된 호수에서 노아의 다중렌즈안경을 발견한 제이크는 노아를 추궁하고 노아는 자신의 모든 범죄를 순순히 자백한다. 이제 경찰에 노아를 넘겨주면 모든 게 끝일 줄 알았던 제이크. 그러나 노아의 부하들 일당이 나타나 제이크에게 총을 겨누고 에블린과 캐서린이 있는 곳으로 안내하라고 제이크를 앞장세운다. 그들이 차이나타운에 도착했을 때 미리 기다리고 있던 노아에게 뇌물을 받은 경찰이 제이크를 체포한다. 에블린은 자신의 딸이자 자매인 캐서린을 지키기 위해 잠시 방심하던 경찰을 쏘고 캐서린을 차에 태운 뒤 달아난다. 그러나 차에 막 속력이 붙으려던 순간 경찰이 쏜 총에 맞아 에블린은 사망한다. 노아는 캐서린을 붙잡아 데려가고 죽은 에블린을 바라보며 끌려가는 캐서린은 공포에 질려 소리친다. 현장에 나타난 에스코바는 제이크에게 "집으로 돌아가!"라고 말하고 멍하니 충격에 휩싸여 서 있는 제이크를 동료경찰들에게 데려가라고 명한다. 제이크의 양팔을 에워싼 경찰들이 "허튼짓하지 마, 제이크. 여긴 차이나타운이야!"라고 말하며 영화는 막을 내린다.

이 영화에서 코가 베인 제이크의 얼굴은 시각적으로 가장 눈에 띄는 불편한 상징이다. 영화 속 세상은 그야말로 눈뜨고 있어도 코 베어 가는 세상이다. 영화의 중반, 노아의 일당들에게 코를 베여 흰 밴드를 붙인 채 등

246

장하다가 후반부에 드러난 제이크의 왼쪽 콧방울에는 길게 세로로 꿰맨 자국이 선명하다. 제이크가 사설탐정이라는 설정, 그가 결국 퇴폐적인 아름다움을 가진 미스터리의 미망인과 관계를 갖는다는 설정은 고전 느와르 양식과 유사하지만 〈차이나타운〉의 결말은 훨씬 더 지독하고 극단적으로 암울하다. 노아 크로스는 성경에 등장하는 '노아의 방주' 속 노아와 같은 이름이지만 이 영화 속 노아는 자신의 방주로 인류를 손아귀에 넣기를 꿈꾸는 악의 핵일 뿐이다. 노아는 냉전시대 007 영화나 슈퍼 히어로 영화에 등장하는, 지구를 손에 넣겠다는 망상에 빠진, 그 야망이 지나치게 비현실적이고 강박적이어서 오히려 가여워 보이는, 그러다 비극적 최후를 맞는 '순수한' 악당이 아니다. 그는 자신의 친딸을 성폭행해 딸을 낳게 하고 그 딸까지 탐하는 파렴치한이며 목적을 위해서는 사위, 동료 할 것 없이 도구로 사용하고 처단해버리는, 인간의 탈을 쓴 악마다. 그의 악행의 범위는 고전 느와르 영화의 사회적 범죄의 범위를 훌쩍 뛰어넘는 규모다. 오랫동안 대를 이어 땅과 농장을 가꾸어 온 수많은 사람들의 순수한 꿈과 일상을 노아는 하루아침에 예고 없이 무너뜨리는 극한의 악행을 서슴지 않는다. 무엇보다도 그는 공권력까지 장악한 난공불락의 인물이다. 영화의 결말에서 드러난 미국 사회에 정의나 미래란 없다. 남자주인공 제이크 역시 고전 느와르 영화의 탐정보다 훨씬 어둡고 불편한 인물이다. 그는 그다지 정의롭지도 도덕적이지도 않은, 의뢰인들의 사생활 뒷조사나 해주고 돈을 받는 사설탐정이다. 스스로의 심적 불안감이 폭발하는 순간에는 여주인공에게 히스테리에 가까운 폭행을 가한다는 점도 고전 느와르 영화에서보다 수위가 더 높아진 대목이다.

사실 이 영화에서 차이나타운은 플롯의 대세에 영향을 끼치지 않는 공간적 배경으로만 존재한다. 제목이 왜 굳이 〈차이나타운〉이어야 했는지, 이야기의 결말에서 이들이 도피처를 차이나타운이 아닌 다른 곳으로 택해도 플롯에 별 지장이 없을 것처럼 보인다. 그럼에도 불구하고 이 영화는 몇 번의 대사와 이미지만으로 그 어느 작품보다도 차이나타운을 퇴폐적인 범죄의 온상으로 제시한다. "Forget it, Jake, It's Chinatown."이라는 경관의 대사에서 차이나타운에 대해 미국 관객들이 마음 깊이 공유하는 이미지가 압축되어 드러나기 때문이다. 모든 무질서가 해결되지 않은 채 묵인되는 공간, 범죄와 음모의 온상, 도덕적 타락과 불안이 뿌리 깊이 내재되어 더 이상 손쓸 수 없는, 난공불락의 공간이 바로 이 영화 속 차이나타운의 지배적인 이미지다. 아시아계 이민자들이 마음에 들지 않아도 이제는 미국 사회에 뿌리 깊이 자리를 잡았고 그 힘도 영향력도 거세 어쩔 수 없다는 백인 중심적 패배주의가 영화 〈차이나타운〉의 바탕에 깔려 있다. 그래서 실제로 〈차이나타운〉에는 아시아 여성이나 아시아 인물이 등장하지 않음에도 불구하고 관념적인 공간으로서의 차이나타운은 이 영화에서 어둡고 타락한 인물처럼 하나의 경계할 만한 캐릭터로 비쳐진다.

　〈포스트모더니즘과 소비사회〉라는 유명한 논문에서 프레더릭 제머슨은 로만 폴란스키 감독의 1974년 영화 〈차이나타운〉을 "향수를 불러일으키는 복고풍 영화"라고 분석한다. 1930년대와 1940년대 고전 할리우드 영화에 대한 향수를 불러일으킨다는 것이다. "새롭고 혁신적인 스타일을 만들어내는 것이 더 이상 가능하지 않은 현실에서 유일하게 남은 방법이라고는 이미 지나간 옛 스타일을 모방하는 것이다. 마치 박물관에 전시된 옛

스타일에서 마스크와 목소리를 빌려온 것처럼……." 그렇다고 제머슨이 포스트모던 시대의 복고풍의 부활이나 패러디를 무조건 비판하고 있지는 않다. 그는 오늘날 대중문화의 이러한 모방이 어떤 면에서는 현대의 예술이나 미학이 더 이상 새로운 것을 창출해낼 수 없고 과거에 갇혀 있다는 사실 그 자체를 보여주는 기능을 수행할 수 있다고 분석한다. 즉 과거에는 적어도 예술이 현실 사회의 모순을 상징적, 미학적으로 드러내줄 수 있는 기능을 한다는 믿음이 있었는데 포스트모던 시대의 예술과 문화는 그런 강박에서 벗어났다는 것이다. 포스트모더니즘 시대 예술문화 창작자들은 관객이 더 이상 '의미'만을 찾으려고 극장이나 공연장에 가지 않는다는 사실을 알고 있다. 똑같은 문학작품도 이전에는 저자의 의도가 무엇인지 그가 그 작품을 쓰게 된 배경이나 이유에 집중했다면 포스트모더니즘 시대에는 저자의 의도 따위는 그다지 중요하지 않다. 독자들 각자가 자신이 해석하고 소비하고 싶은 대로 받아들인다. 그리고 그럴 자유가 충분히 있다고 믿는다. 예전에는 창작물과 저자가 절대 우위에 있었다면 이제 소비자와 독자 수용의 자유가 강조되는 시대가 된 것이다. 포스트모던 시대의 대중은 계몽을 거부하고 자신의 취향을 더 중요시하는 특징을 보인다.

# 포스트모던,
# 그리고 스펙터클과 페티시

"중국인 여자친구 없인 난 엉망이야.
마치 말론 브란도 같은 비극의 주인공이 된 것 같지."
— 데이비드 보위의 《China Girl》 노래 가사 중에서

## 〈블레이드 러너〉 속의 게이샤

포스트모더니즘은 모더니즘에 대한 반발, 모더니즘의 뒤를 잇는 새로운 현상으로 건축, 미술, 문학, 철학, 영화, 공연 등 다양한 예술, 문화 방면에 등장한 새로운 경향을 말한다. 각 분야마다 포스트모던적인 경향이 등장한 시기가 다 달라서 두부 자르듯 정확히 몇 년대부터 포스트모더니즘이 등장했다고 단언하기도 어렵다. 그러나 대략 건축에서는 제2차 세계 대전 이후, 문학에서는 1970년대, 음악에서는 1960년대부터 포스트모더니즘이 시작된 것으로 본다. 포스트모더니즘 예술은 모더니즘 시대, "모두가" 누릴 수 있고 "모두가" 선호할 것이라 믿어졌던 전체주의적인 균형과 미적 감각, 주제의식에 의문을 던진다. 파격적이고 파편화된 주관적인 감각을

건축, 음악, 문학에 담기 시작하면서 포스트모더니즘이 시작된 것이다.

포스트모던 대중문화는 다양한 정체성을 가진 수많은 사람들이 모두 즐길 수 있는 콘텐츠를 만들려다 보니 거의 예전의 내용들을 복제, 반복, 변형하면서 감각적인 외형에 치중하는 경향이 있다. 1980년대부터 시작되어 1990년대로 접어들면서 할리우드의 액션영화, SF를 포함한 블록버스터 영화들은 스펙터클한 외형에도 불구하고 오히려 예전과 다를 게 없는 정체된 내용들을 반복하는 경우가 허다했다. 포스트모던 시대의 '동양' 여성 재현은 좀 더 복잡하고 암시적이다. 예컨대, 1990년대 이후 아시아 여성의 재현은 스토리가 수면 아래로 숨고 새로운 시각적 스타일이 그 위에 얹혀진 '페티시fetish'적 요소가 지배적이다. 이전의 수많은 역사 속 영화나 소설, 공연들이 전해준 반복적인 이야기 때문에 특정 공간, 특정 이미지만 보아도 그러한 역사적인 느낌들이 쉽게 재생되는 것이 페티시다. 1990년대부터의 할리우드 영화나 공연예술은 굳이 장황한 이야기를 늘어놓지 않고도 이미지만으로 승부한다. 심리적 연상 작용에 의해 특정한 아시아의 이미지를 소비하는 것이다. 포스트모던 영화의 효시라고 불리는 리들리 스콧 감독의 1982년 영화 〈블레이드 러너〉에는 2019년 로스앤젤레스 거리가 보일 때마다 마천루로 가득한 회색빛 도시 속 네온사인과 더불어 전광판에 고혹적인 미소로 유혹하는 게이샤 이미지가 반복적으로 등장한다.

이 전광판의 게이샤 이미지가 보이는 시간은 불과 2~3초, 영화 전체에 걸쳐 도심 광경에서 여러 번 반복되는데 그 이미지가 전달하는 메시지는 강렬하고 복합적이다. 우선 근미래로 설정된 로스앤젤레스가 일본으로 대표되는 아시아의 자본에 침식당해 일본의 소비문화가 미국의 미래를 압

〈블레이드 러너〉에 반복적으로 등장하는 아시아적 이미지.

도하고 있음을 암시한다. 전광판 옆 일본 기업 '파나소닉'의 사인 역시 아시아 자본의 식민지가 되어버린 듯한 암울한 미국의 미래를 상징한다. 이 영화가 우울한 미래를 보여주는 디스토피아 영화로 분류되는 데에는 영화 밑바닥에 자리한 황인종에 대한 공포도 한몫한다. 일을 마치고 집으로 돌아가는 길 데커드(해리슨 포드)는 마치 일본의 회사원이 그러하듯 길거리 포장마차에 들러 우동 한 그릇을 주문한다. 주문을 받는 포장마차 주인은 영어도 제대로 못하는 나이든 일본인이다. 데커드가 우동을 주문할 때 로스앤젤레스 거리의 행인들이 나누는 대화 중에는 한국말도 들린다. 영화제작팀은 2019년 근미래의 미국을 다인종사회로 보여주려는 의

도를 뛰어넘어 일본기업, 일본자본, 일본문화가 지배적인 미국의 대도시를 보여줌으로써 어쩌면 가까운 미래에 실제로 미국은 아시아자본의 침식을 받을지도 모른다는 불안감을 드러낸다. 1980년대 초반은 미국 내에서 일본에 대한 적대감이 고조되던 시기였다. 미국의 적국인 이란의 정유회사들을 1979년 일본이 사들인 사건을 계기로 일본과 미국 사이에 긴장감이 감돌던 때이기도 했다. 일본자본은 미국 내 빌딩들을 사들이기 시작했고 할리우드 영화사 가운데 가장 역사가 오래된 스튜디오인 콜롬비아 영화사가 일본자본에 팔리며 소니 픽처스 엔터테인먼트로 출발하는 일까지 벌어진다. 리들리 스콧 감독은 1989년 마이클 더글러스 주연의 〈블랙레인〉에서 다시 한 번 서구인들이 1980년대 당시 느끼던 일본자본의 침식에 대한 공포를 은유적으로 드러낸다. 뉴욕경찰 닉(마이클 더글러스)은 뉴욕 한복판에서 벌어진 갱단의 폭력사태의 주범을 잡기 위해 오사카에 도착하고 거기서 이해할 수 없을 만큼 암울하고 잔혹한 야쿠자 세계에 연루된 범인을 추적한다. 그 과정에서 재현되는 일본사회는 갱단들의 음모와 배신으로 점철된 암흑의 공간으로 묘사된다.

〈블레이드 러너〉의 전광판 속 게이샤는 1980년대 미국의 암울한 경제상황과 외국자본에 대한 공포, 아시아에 대한 견제를 압축적으로 보여주는 영화사상 가장 강렬한 이미지 중 하나다. 이렇듯 이미지 한 컷이 수많은 숨은 이야기와 정서를 압축해서 드러내는 것이 포스트모던 문화의 특징 가운데 하나다. 1970년대 말까지 서양문화 속 아시아, 아시아 여성의 이미지가 비교적 뚜렷한 스토리텔링을 바탕으로 이미지를 창출했다면 1980년 이후 서양문화 속 아시아, 아시아 여성의 이미지는 조각조각 파편화된 이미지들이 더 자주 출몰하는 특징을 보인다. 지난 백여 년간 구축되어온 나비부인식 이야기의 정서에 기대어 내러티브의 복합적인 구조와 상징적 의미를 이미지 한 컷에 담아 파생시키는 것이다.

## 1990년판 차이나타운 이미지 : 〈제이드〉

1990년대 이후 할리우드 영화에서 아시아 여성은 새롭게 조명되기보다는 과거에 대한 향수, 모방과 함께 하나의 이국적인 양념처럼 소비되는 특성을 보인다. 실제 아시아 여성이 등장하지 않으면서도 아시아 여성의 성적 이미지를 소재로 삼은 영화도 있었다. 1995년 에로틱한 스릴러 영화 〈제이드〉는 윌리엄 프리드킨이 감독하고 〈차이나타운〉의 제작자 로버트 에반스가 제작을 맡았다. CSI 마이애미 시리즈로 우리나라에도 잘 알려진 배우 데이비드 카루소가 샌프란시스코 지역 변호사 데이비드 코렐리 역을 맡았다. 캘리포니아를 대표하는 성공적인 사업가 카일 메드포드가 자신의 저택에서 손도끼로 죽임을 당한 사건을 의뢰받은 데이비드 코렐리는 사건을 조사하던 중 메드포드의 금고에서 주지사 에드워드가 매춘부와 성관계를 맺는 사진을 발견한다. 사진 속의 매춘부를 찾아내 취조하던 중 이 매춘부는 파트리스로 밝혀지고 파트리스는 자기와 여러 명의 다른 매춘부들이 사업가 메드포드의 저택에서 이름만 대면 알 만한 유명한 남성들과 성관계를 가졌으며 그 남성들 사이에 가장 인기 있는 창녀는 '제이드'라는 별칭을 가진 매춘부였다고 자백한다. 주지사 에드워드는 코렐리에게 자신의 성추문을 조용히 넘어가주지 않으면 앞으로 무슨 일이 생길지 보여주겠다며 코렐리를 협박한다. 한편 살인사건을 조사하던 경찰은 손도끼에서 발견한 지문의 주인공이 유명한 정신분석학자이자 코렐리의 학창시절 연인이었던 카트리나임을 밝혀낸다. 카트리나는 유명한 검사 맷 게빈과 결혼한 상태다. 그녀는 죽은 메드포드가 자신의 저택을 구경시켜줄 때 자신이 그 멋진 손도끼를 만져본 기억이 나지만 그의 죽음과 자신은 무관하다고 말한다. 코렐리는 메드포드의 별장에서 온갖 마약과 술, 성행위 보조기구들과 함께 침실 벽에 숨겨진 비디오카메라를 발견하는데 그 카메라로 촬영한 정치인, 사업가들의 섹스장면을 협박용으로 쓰기 위해 메드포드가 정기적으로 그 별장에서 섹스파티를 벌였음을 알게 된다. 코렐리는 놀랍게도 비디오에서 카트리나가 어떤 남성과 섹스하는 장면을 발견하게 되고 카트리나를 유력한 용의자로 간주한다. 때마침 파트리스가 코렐리에게 전화를 걸어와 제이드의 정체를 알려주겠다며 만날 것을 제안하는데, 코렐리는 약속 장소에 도착하자마자 1993년형 포드 선더버드로 보이는 검은색 스포츠카에 파트리스가 치여 숨지는 장면을 보게 된다. 사고현장을 목격한 코렐리는 이 미스터리의 검은 승용차를 쫓기 시작하고 이 영화의 가장 하이라이트라 할 수 있는 자동차 추격 장면이 20여 분 계속된다. 검은 스포츠카는 새해 퍼레이드를 연습 중인 차이나타운으로 진입하고 차와 행인과 퍼레이드가 뒤엉켜 차이나타운은 혼란과 소란의 아수라장이 된다. 필사적으로 달아나는 선더버드 운전자는 사람, 좌판, 행렬을 가리지 않고 깔아뭉개거나 들이받고 그 뒤를 쫓는 코렐리의 낡은 승용차 윈드쉴드 밖으로는 화가 난 중국인들, 퍼레이드를 위해 가면이나 의상을 입은 중국인들이 차창을 두드리며 화풀이를 해대고 알아들을 수 없는 중국어로 소리치고 욕하는 장면들이 교차된다. 카메라는 코렐리의 시점에서 차이나타운을 보여준다. 비좁은 길에 퍼레이드까지 더해져 뚫리지 않는 길, 앞 차를 추격하고 있는 다급한 코렐리의 심정은 아랑곳하지 않고 퍼레이드와 구경꾼들로 뒤엉킨 차이나타운의 혼란스런 이미지는 차 안의 코렐리에게 극도의 좌절감과 분노를 안겨준다.

영화는 결말에서 이중인격자의 정신세계를 연구해온 정신분석학자 카트리나가 바로 차이나타운에서 '제이드'라는 별명으로 활동해온 매춘부였음을 밝힌다. 그녀는 낮에는 저명한 학자로 밤에는 유명한 매춘부로 이중생활을 해온 것이다. 어느 시점 아내의 이중생활을 눈치 챈 게빈이 메드포드에게 협박을 당하기 시작하자 그를 계획적으로 살해한 것이다. 영화 〈제이드〉에는 아시아 여성이 등장하지 않는다. 그럼에도 불구하고 '차이나타운', '제이드'(한자로 '옥'을 나타내는 이 이름은 동양여성의 신비함을 상징한다)라는 단어만으로 '이국적인 공간에서 벌어지는 불법적인 섹스'의 이미지를 떠올리게 하며 관객들의 상상력을 자극한다.

## 동양 여성 이미지의 모방과 차용

연극이나 영화 속에서 이렇듯 성적 대상으로 전형화된 동양 여성의 이미지는 1990년대부터는 텔레비전과 광고, 사진 등으로 매체 전이되어 싱가포르 에어라인 광고에서부터 잡지의 스타킹 광고에 이르기까지 서양 남성들의 성적 전유물로서의 이미지를 재생산해낸다. 이제는 하나의 장르로 자리 잡은 뮤직 비디오도 예외는 아니었다. 1981년 8월 출범한 최초의 음

게이샤 복장으로 2013년 아메리칸 뮤직 어워드 오프닝 무대에 오른 케이티 페리.

악전문 채널 MTV는 수많은 뮤직비디오를 통해 음악뿐만 아니라 가수들의 패션, 스타일까지 전 세계 음악시장의 유행을 선도해 나갔다. 1999년 제작된 〈Nothing Really Matters〉 뮤직비디오에서 마돈나는 장 폴 고티에가 디자인한 기모노를 입고 게이샤 분장으로 강렬하고 이국적인 이미지를 선보인다. MTV 뮤직 어워드 시상식 퍼포먼스에서도 마돈나는 중국식 마오 의상을 입고 하얀 얼굴에 새빨간 입술, 게이샤식 분장으로 중국식 찻집을 배경으로 노래한다. 같은 해 발매된 재닛 잭슨의 뮤직비디오에서 잭슨은 인도 캘커타 시내 한복판에서 배꼽을 드러낸 벨리 댄서 의상에, 발찌와 코걸이를 흔들며 베일 너머로 고혹적인 눈빛을 던진다. 이 두 미국의 팝스타들이 노리는 것은 전통적으로 동양 여성으로 대표되어온 이국적인 성적 매력을 직접 재현해냄으로써 그들의 노래가 가지고 있는 성적인 메시지와 분위기를 배가시키려는 것이라고 할 수 있다. 상품 광고뿐 아니라 뮤직비디오에서까지 이렇게 정형화되거나 차용된 이미지로 나타나는 동양 여성을 보면 한 세기 이상 서양 문화권에서 반복되어온 동양 여성의 이미지가 이제는 하나의 아이콘icon, 다시 말해 대표적인 문화적 상징이 되었다고 해도 과언이 아니다. 2013년에는 아메리칸 뮤직 어워드에서 케이티 페리가 오프닝 무대로 〈나비부인〉을 스펙터클하게 재현해 선정성 논란을 빚기도 했다.

인류 역사상 가장 오래된 직업이 몸을 파는 매춘이라는 말이 있듯이 위에서 열거한 작품들 속에 등장한 동양 여성들은 한결같이 성적 서비스에만 종사하고 있다. 이 재현의 역사를 들여다보면 동양 여성들은 남성에게 성적 위안을 제공하고 봉사하는 데 남다른 재주가 있고 서양 여성들처럼 "골치 아픈 여권 운동 따위"에 "물들지 않아" 원시적이고, 순수하며, 복종적이어서 최고의 성적 파트너라는 서구 남성의 "환상"이 자리하고 있다. 허구의 세계가 워낙 오랜 세월을 두고 재현되고 반복되어서인지 많은 서양인들의 마음속에 새겨진 동양 여성에 대한 실제 이미지는 이러한 연극, 영화 속의 이미지와 크게 다르지 않다.


## 우편주문 아내사업과 동남아 섹스관광

21세기에 접어들어 동서양을 막론하고 요리와 관광, 레저에 대한 관심이 급증하면서 아시아의 여러 나라들은 자신들의 국가적 이미지를 브랜드화하는 과정에서 동양은 곧 여성, 동양 여성은 곧 미지의 신세계라는 무언의 메시지를 강조하는 일이 비일비재해졌다. 싱가포르 에어라인이나 타이항공의 광고나 포스터 속의 아시아 여성은 고혹적인 미소로 어떤 서비스라도 가능하다는 듯한 눈빛을 보내고 있으며 실제로 1980~90년대 후반 심각한 문제였던 동남아시아 매춘관광은 서양에서 우편배달 신부Mail Order Bride라는 기현상을 낳았다. 인터넷으로 교환한 사진만 보고 서양 남성이 필리핀, 태국, 베트남의 여성들 중 마음에 드는 대상을 선택하면 그 여성은 주로 혼자 사는 서양 남성들의 집에서 일정한 계약기간 동안 집 안에 상주하는 매춘부나 파출부로서, 때로는 아내로서의 관계를 유지하는 것이다. 조사에 의하면 1990년대 후반 아시아 여성과 미국 남성의 우편 주문 아내사업을 주선하는 인터넷업체만 450군데가 있을 정도로 한때 붐을 이루었던 현상인데 이것이 가능했던 이유가 바로 서양 남성들이 동양 여성에 대해 가지고 있는 성적 환상 때문이었다.

1990년대 후반 미국 중서부의 감옥에 수감되어 있던 한 백인 남성은 감옥에서 인터넷을 통해 자신을 아시아 여성이라고 속여 여러 주에 거주하는 다수의 남성들을 유혹했다. 외모에 대해 궁금해하는 남성들에게 아시아 여성의 사진을 자기 사진이라고 속여 게재했고 관심을 보내는 많은 남성들에게 자신의 개인계좌로 돈을 보내면 하룻밤의 만남을 가질 수 있다고 미끼를 던졌다. 감옥에 있으면서 자기 은행계좌를 통해 20여 명 이상의 남성들로부터 돈을 받아 챙기는 사기 행각을 벌이다 들통이 난 범인은 더 긴 형량을 선고받았다. 이러한 사건이 가능한 것도 인터넷상에 암묵적으로 오가는 매춘부로서의 아시아 여성의 이미지가 서양 남성들에게 이국적인 성적 경험을 기대하게 하는 매혹적인 미끼로 작용했기 때문이다.

1980년대 이후 다문화주의multi-culturalism와 정치적 올바름political correctness에 대한 미국 사회의 교육목표 덕분에 서양의 대중문화에 등장하는 유색인종, 여성, 장애우, 성적소수자들은 이전보다 훨씬 긍정적인 이미지로 재현되고 있다. 하지만, 주류 블록버스터영화, 뮤지컬, 오페라가 재현하는 아시아 여성에 대한 고정관념은 크게 달라진 것이 없다. 여전히 전쟁의 상흔을 안고 서양 남성의 애정과 자비에 기대어 순정을 바쳤다가 비극적 죽음을 맞이하는 전형적인 나비부인 이미지이거나 자신의 성적 매력을 무기로 사용하는 위험스런 드래건 레이디 이미지가 대부분이다. 아시아 여성의 정형화된 이미지 재현에 문제의식을 느끼지 못하는 아시아 영화감독들도 한몫했다. 1993년 아카데미 최우수외국영화상과 칸 영화제 황금종려상 수상작인 〈패왕별희Farewell My Concubine〉의 첸 카이거 감독은 영화를 만들 때 서양관객들에게 어떻게 어필할 것인지를 늘 염두에 두고 영화를 만든다고 고백한 적이 있다. 그러다 보니 자연히 서양인들의 입맛에 맞게, 국제영화제 심사위원들의 안목에 맞는 영화를 만들려고 애쓰게 된다는 것이다. 슬픈 사실이지만 국제무대에서 인정받는 아시아 영화감독들의 영화가 지닌 특정한 스펙터클이나 미학이 서구인의 오리엔탈리즘에 대한 향수를 어느 정도 만족시켜주는 기능을 수행한다는 사실을 인정한 셈이다.

세계무대에서 유명해진 아시아 여성, 예컨대 중국출신 여배우인 공리나 장쯔이가 맡았던 배역들이 유독 매춘부이거나 게이샤였다는 사실을 군이 예로 들지 않더라도 동양 여성들이 맡고 있는 역할이 얼마나 유형화되어 있는지를 한번쯤 생각해볼 일이다. 유독 국제영화제에서 먼저 인정을 받았던 김기덕 감독 역시 그의 영화에서 한국 여성의 성적 정체성을 부각시킨 내러티브나 이미지가 대부분이었다. 낚시터에서 미끼뿐 아니라 몸까지 파는 매춘부 처녀를 다룬 〈섬〉, 멀쩡한 여대생이 납치되어 매춘부로 전락하는 과정과 집착과도 같은 남성의 욕망을 보여주는 〈나쁜 남자〉 등은 여성의 몸에 대한 페티시와 여성의 몸을 성적 대상화한 이미지를 보여줌으로써 여성 관객들에게는 불편함을 느끼게 한다. 한국영화를 대표하는 블럭버스터 스릴러영화들인 〈살인의 추억〉, 〈추격자〉, 한국을 대표하는 이창동, 박찬욱 감독의 영화에서는 종종 남자주인공의 성적 환상과 폭력의 대상으로서의 한국 여성이 반복적으로 재현됨으로써 빠른 기간 안에 근대화를 이룩한 한국사회의 어두운 단면과 모순을 여성의 몸에 가해지는 폭력을 통해 상징적으로 드러낸다. 하지만 한국사회나 아시아의 역사적 맥락을 모르는 서양 관객들에게 그러한 반복적 재현이나 내러티브가 어떻게 받아들여질지가 더욱 궁금하다. 아시아의 감독이나 작가들이 반복적으로 아시아의 민족주의와 유교적 가부장제 밑에서 억압받는 아시아 여성의 이미지를 보여주다 보면 서구인들로 하여금 아시아에 대한 전근대적인 이미지를 가져도 괜찮다는 메시지로 받아들여질 수 있다. 다행히 2000년대 이후 아시아 영화들은 아시아의 여러 현실을 좀 더 사실적으로 다채롭게 그려내려는 시도들이 보이고 있지만 우리 사회의 왜곡된 젠더 관계를 보여주는 그러한 문제적 재현이 우리 문화를 대표해 서양문화권에 소개되는 반복적 현상은 지양되어야 한다. 텔레비전 시리즈 〈로스트)로 미국 내에서 인지도를 높인 한국의 여배우 김윤진은 한국 내 영화, 드라마에서는 당차고 똑똑하며 독립적인 이미지였음에도 불구하고 미국의 한 잡지에 실린 일련의 사진에서 전형적으로 섹슈얼한 이미지를 재현해 자신을 홍보하는 것도 같은 맥락이다. 한국 출신의 누드모델 이승희는 몇 년 전 한국을 방문해 아메리칸 드림을 이룬 성공한 모델로서 자신을 홍보하며 교보문고에서 팬 사인회를 가졌는데 인터뷰에서 그녀는 자신의 별명이 "노란 나비Yellow Butterfly"라는 사실을 자랑스럽게 강조했다. 나는 그녀가 자기 별명 뒤에 숨은 역사나 뜻은 충분히 간파하고 있는지 궁금했다. 이제 배우들 스스로도 자신들이 연출하는 이미지가 어떤 문화적 메시지를 전달하는지, 그 결과에 대해서 한번쯤 책임 있게 생각해보는 혜안을 가져야 한다.

성性을 상품으로 삼는 〈플레이보이〉 같은 잡지는 '남성들을 즐겁게 하는 비법의 소유자인' 동양 여성 파트너에 대한 욕망으로 가득 찬 가상의 시나리오로 남성 독자들을 현혹하고 아시아는 모든 불법적인 환상이 실현될 수 있는 섹스 관광의 천국인 듯한 고정관념을 심어 주고 있다. 그래서인지 동남아시아에서의 관광사업의 일부는 여전히 불법적인 매춘을 알선하고 있다. 놀랍게도 동남아 성매수 관광 1위 손님이 한국인이라는 기사는 참으로 많은 것을 생각하게 한다. 미국 국무부에서 매년 작성하는 인신매매 보고서에 따르면 "한국인 남성은 동남아시아와 태평양제도에서 아동성매매 관광의 주요 수요자이지만 한국 정부는 이러한 한국인을 처벌한 적이 없고, 이러한 관광수요를 줄이려는 노력도 하지 않았다."고 지적한다. 보고서는 "특히 동남아 성매매 여성의 15퍼센트를 차지하는 만

18세 미만 아동들의 성매매시장에서 한국 남성은 독보적 존재"라고까지 폭로하고 있다.

이 책은 주로 미국과 유럽에 재현된 아시아 여성의 이미지에 대해 비판적 분석을 시도했지만 오늘날 미국인들이나 유럽인들이 이룩한 의식의 발전은 존경할 만한 것이다. 그런데 정작 렌즈를 우리나라 안으로 돌려 보면 한국인들의 인종적 편견이나 고정관념은 훨씬 더 문제적이고 심각한 수준이다. 한국에 와서 노동자로 일하고 있는 동남아 출신의 이주민들에 대한 편견, 결혼을 통해 한국에 건너와 생활하고 있는 결혼 이주민 여성들의 인권문제는 심각한 사회문제 수준이다. 소수의 인권단체와 여성단체들이 결혼 이주민 여성들을 대변하려 애쓰고 있지만 피부색깔에 대한 한국인들의 뿌리 깊은 편견을 바꾸기란 쉽지 않아 보인다. 한국 남성들의 동남아 성매수는 21세기에 여전히 1970~80년대 유행을 따르는 의식지체 현상이다. 서양 남성들이 이미 1980~90년대에 휩쓸고 지나간 섹스관광의 뒷북을 치는 셈이기도 하다. 필리핀의 여성운동가 니노치카 로스카에 따르면 동남아 국가인 필리핀, 태국, 캄보디아는 매춘이 불법임을 알면서도 거기서 벌어들이는 한 해 수입이 IMF 나라 빚을 갚는 주요 수입원이기에 강력한 단속을 벌이지 않는다고 지적한다. 결국 자국의 경제적 이득을 위해 자신의 나라 여성들과 아동들을 내세워 매춘행위를 하고 있는 동남아 국가 정부들이 비난을 면하기 어렵게 되었다. 문제는 한국 관광객 78퍼센트가 해외 성매매 관광이 불법인 줄 몰랐다고 대답했다는 사실이다. 워낙 빈번히 이루어지는 불법이다 보니 현지에서나 한국에서나 처벌대상이라는 사실을 몰랐다는 것이다. 결국 암묵적인 관행이나 낮은 처벌 의지가 이러한 문제를 방치하는 사이 여전히 "어글리 코리안"의 행태가 외국에서 벌어지고 있는 중이다. 아시아 여성의 현실은 아시아에서조차 여전히 과거의 굴레에서 벗어나지 못하고 있다.

## 1. 우편주문 아내사업과 동남아 섹스관광

이 주제에 관한 가장 최근의 책으로는 셰리던 프라소Sheridan Prasso가 쓴 《아시아의 신비: 드래건 레이디, 게이샤 걸, 이국적 동양에 관한 우리의 환상The Asian Mystique : Dragon Ladies, Geisha Girls, and Our Fantasies of the Exotic Orient》(Public Affairs, 2006)이 있다. 리포터로 중국과 일본에 거주한 적이 있는 저자는 아시아에 대한 왜곡된 성적 환상이 자리잡게 된 데 대해 서양인과 동양인 모두 책임이 있다고 본다. 300쪽이 넘는 이 두꺼운 책의 전반부에서 프라소는 서양인들이 동양에 대해 가지고 있는 환상의 본질을 분석하며 서양 남성들이 동양인 여성들을 바라보는 시각은 두 가지 유형으로 대별된다고 본다 : 섹시하고 치명적이며 고혹적인 드래건 레이디 타입이거나 순종적이고 연약한 게이샤 이미지의 나비부인 타입. 그리고 책의 후반부에는 그러한 서양인들의 환상을 부추기며 그들의 고정관념에 부응하는 방식으로 섹스관광을 통해 돈을 벌어들이고 있는 아시아인들의 현실에 대해 적고 있다. 아시아 여성의 스테레오타입에 대한 분석은 이미 알려진 바이니 새로울 것이 없지만 동남아시아 현지 여성들과의 인터뷰를 통해 현재진행형인 섹스관광의 실태를 기록하고 있는 대목은 흥미롭다. 다만 동남아 성산업에 몸담고 있는 여성들에 관한 좀 더 자세한 통계자료나 정부의 정책, 섹스관광 패턴에 관한 깊이 있는 탐색이기보다는 우연히 개별적으로 만난 여성들과의 대화를 통한 제한된 기술이 대부분이어서 아쉬운 느낌이 드는 책이다. 프라소는 현재 홍콩에서 블룸버그 통신원으로 글을 쓰고 있다.

# 박제된 이미지,
# 현실이 되다

20세기 후반 많은 이들은 21세기가 문화전쟁의 시대가 될 것이라 예측했었다. 전쟁이란 과격한 단어를 쓸 만큼 치열하게 문화 콘텐츠가 중요성을 발휘하는 시대가 될 것이라는 의미였을 것이다. 한국 가수가 유튜브를 통해 단 몇 주 사이에 월드스타가 되고 한국의 영화배우가 할리우드 영화에 등장하고 한국 감독의 영화가 미국과 서울에서 동시 개봉되는 것이 요즘의 초국가적 문화현상이다. 우리는 새롭다고 믿었던 콘텐츠가 알고 보면 이미 여러 번 변형 반복되어온 스토리거나 이미지여서 해외 영화제나 외국무대에서는 호응을 얻지 못한 사례가 많다. 서양문화가 수백 년간 아시아를 어떻게 재현해 왔는지를 아는 것은 문화계에 종사하는 생산자나 소비자인 일반 관객 모두에게 유용한 정보다.

다른 한편으로 우리 사회에 편입해 들어오기 시작한 다른 '아시아인들'

에 대해 알 필요도 있다. 서양문화 속 아시아인의 이미지에 관심을 가지다 보면 자연스레 우리 사회, 우리 미디어가 재현하는 외국인들의 이미지를 바라보는 의식도 생길 수 있다. 연말연시에 텔레비전에 자주 등장하는 외국인 장기자랑이나 다문화가정을 소개하는 프로그램에 주로 등장하는 베트남, 필리핀 출신 이주여성들의 모습을 보면서 과연 그들이 하나의 '타입'이나 '유형'으로 정형화되고 있지는 않은지, 우리가 혹시 그들에 대해 왜곡된 이미지나 인상을 갖고 있진 않은지 자주 점검하고 반성해야 한다.

인터넷과 디지털 테크놀로지의 발달은 새로운 유형의 대중문화 패러다임을 만들어내고 있다. 온라인에서의 사람들의 정체성은 인종과 성적 구분으로부터 상당히 자유로운 것처럼 보이는데, 과연 그럴까? 유투브의 비디오와 SNS를 통해 누구나 스타가 될 수 있는 세상이기에 오히려 더 서로 다른 인종, 국가 간의 이미지 전략이 중요하다. 인터넷에 넘쳐나는 정보에 압도되어 글로벌 시대를 사는 우리 모두 역사나 인문학적 지식들을 부담스럽게 여긴다. 그러나 정보와 지식은 엄연히 다르다. 성숙한 문화인들에겐 자신만의 '관점'이 있어야 한다. 아무런 지식에도 정통하지 않고 몇 마디 영어로 자신을 유창하게 소개할 수 있다고 해서 글로벌 감각을 지닌 세계인이 되는 것은 아니기 때문이다. 아시아 여성, 아시아인들 모두가 세계무대에서 더 역동적으로 활동하기 위해서는 역사적 이미지의 족쇄를 발목에서 풀어내는 것부터 시작해야 한다.

## 참고 영화 목록

| | |
|---|---|
| 1910 | The Forbidden City (1918)<br>Broken Blossoms (1919)<br>Mr. Wu (1919) |
| 1920 | Toll of the Sea (1922)<br>Thief of Bagdad (1924)<br>Mr. Wu (1927)<br>The Myterious Dr. Fu Manchu (1929) |
| 1930 | Daughter of the Dragon (1931)<br>Madame Butterfly (1932)<br>Shanghai Express (1932)<br>The Hatchet Man (1932)<br>Frisco Jenny (1932)<br>Thirteen Women (1932)<br>The Bitter Tea of General Yen (1933)<br>The Painted Veil (1934)<br>The Mysterious Mr. Wong (1934)<br>Flash Gorden Conquers the Universe (1936)<br>The Good Earth (1937)<br>The Lost Horizon (1937)<br>Mr. Moto (1937)<br>Lady of the Tropics (1939)<br>Island of Lost Men (1939) |
| 1940 | The Letter (1940)<br>Little Tokyo, U.S.A (1942)<br>Dragon Seed (1944)<br>Anna and the King of Siam (1946)<br>Ziegfeld Follies (1946) |
| 1950 | Japanese War Bride (1952)<br>Love is a Many-Splendored Thing (1955)<br>Blood Alley (1955)<br>The Teahouse of the August Moon (1956)<br>Around the World in Eighty Days (1956)<br>The Conqueror (1956)<br>The King and I (1956)<br>Sayonara (1957) |

China Gate (1957)
The Bridge on the River Kwai (1957)
Escapade in Japan (1957)
The Barbarian and the Geisha (1958)
The Inn of the Sixth Happiness (1958)
South Pacific (1958)
The Crimson Kimono (1959)

1960      The World of Suzy Wong (1960)
Walk Like a Dragon (1961)
Bridge to the Sun (1961)
Breakfast at Tiffany's (1961)
Flower Drum Song (1961)
The Manchurian Candidate (1962)
A Majority of One (1962)
My Geisha (1962)
55 Days at Peking (1963)
7 Faces of Dr. Lao (1964)
Pierrot le fou (1965)
Genghis Khan (1965)
Gilligan's Island (1965)
Get Smart (1965)
The Return of Mr. Moto (1965)
Sand Pebbles (1966)
Seven Women (1966)
Gambit (1966)
You Only Live Twice (1967)

1970      The Yin and the Yang of Mr. Go (1970)
Tora! Tora! Tora! (1970)
Kung Fu (1972)
Enter the Dragon (1973)
Lost Horizon (1973)
The Yakuza (1974)
Chinatown (1974)
One of Our Dinosaurs is Missing (1975)
Murder by Death (1976)
Mastermind (1976)
Deer Hunter (1978)
Apocalypse Now (1979)

1980      Shogun (1980)
The Fiendish Plot of Dr. Fu Manchu (1980)
Flash Gordon (1980)
Charlie Chan and the Curse of the Dragon Queen (1981)
Incheon (1981)
Conan the Barbarian (1982)
The Year of Living Dangerously (1982)
Rambo (1982, 85, 88)
Killing Field (1984)
Dim Sum (1985)

참고 영화 목록

Year of the Dragon (1985)
Taipan (1986)
The Last Emperor (1987)
Die Hard (1988)
Black Rain (1989)
Indiana Jones Series (1981, 84, 89)

1990      Father of the Bride (1991)
Rhapsody in August (1991)
Falling Down (1993)
M. Butterfly (1993)
Farewell My Concubine (1993)
The Wedding Banquet (1993)
Rising Sun (1993)
Kundun (1993)
Kung Fu : The Legend Continues (1993)
The Joy Luck Club (1993)
Sabotage (1994)
3 Ninja : Kick Back (1994)
Outbreak (1995)
Jerry Maguire (1996)
Tracey Takes On... (1996)
Seven Years in Tibet (1997)
Chinese Box (1997)
Tomorrow Never Dies (1997)
Enemy of the State (1998)
Taxi (1998)
The Replacement Killers (1998)
Mulan (1998)
Anna and the King (1999)
The Corruptor (1999)
Payback (1999)
True Crime (1999)
Galaxy Quest (1999)

2000      Charlie's Angels (2000)
Shanghi Noon (2000)
Crouching Tiger Hidden Dragon (2000)
Hotel (2001)
Cypher (2002)
007, Die Another Day (2002)
Kill Bill 1, 2 (2003, 2004)
The Last Samurai (2003)
Mulan 2 (2004)
The Fast and the Furious : Tokyo Drift (2006)
Rush Hour series (1998, 2001, 2007)
The Tuxedo (2002)
Bulletproof Monk (2003)
Around the World in 80 Days (2004)
The Grudge (2004)
Memoirs of a Geisha (2005)

Cloud 9 (2006)
Rise (2007)
Balls of Fury (2007)
I Now Pronounce You Chuck and Larry (2007)
Watching the Detectives (2007)
Pirates of the Caribbean : At World's End (2007)
Far North (2007)
Sunshine (2007)
Norbit (2007)
Grindhouse (2007)
The Year of Getting to Know Us (2008)
My Name is Bruce (2008)
Babylon A.D. (2008)
Speed Racer (2008)
The Mummy : Tomb of the Dragon Emperor (2008)
Ninja Assassin (2009)
G.I. Joe : The Rise of Cobra (2009)
Horsemen (2009)
Hanger (2009)
Chanel-Paris-Shanghai : A Fantasy – The Short Movie (2009)
Crank : High Voltage (2009)
The Karate Kid (2010)
The Spy Next Door (2010)
The Trouble with Bliss (2011)
The Man with the Iron Fists (2012)
Cloud Atlas (2012)
Red 2 (2013)
G.I. Joe : Retaliation (2013)
Final Recipe (2013)
My Lucky Star (2013)
Pacific Rim (2013)
The Walking Dead : A Hardcore Parody (2013)
Teenage Mutant Ninja Turtles (2014)